日本書紀の
年代の法則

三倍暦で解く古代史の謎

福田 健

現代書館

プロローグ（コペルニクス的発想の転換）

　コペルニクスが生まれた当時、地球は宇宙の中心であると信じられていました。太陽はもちろん、全天のすべての星が地球のまわりを回っていると考えられていたのです。ところが天文学者たちは星の動きを観測しているうちに、いくつかの奇妙な動きをする星があることに気づきました。ほとんどの星が規則正しく東の空から西の空へと動いていくのに対して、それらの星は途中で戸惑うように行きつ戻りつする動きをみせるのです。そこで天文学者たちはこれらの星に「惑う星」、すなわち「惑星」という名をつけました。それが火星、水星、木星、金星、土星の五つの惑星なのです。

　コペルニクスは惑星がなぜこのような奇妙な動きをするのかを考え続けました。そして驚くべき結論、すなわち「太陽を含む宇宙が地球のまわりを回っているのではなく、地球が太陽のまわりを回っているのだ。」という結論に到達したのです。たった五つの惑星の奇妙な動きから、「宇宙が地球のまわりを回っている」という「天動説」をひっくり返し、「地球が太陽のまわりを回っている」という「地動説」を導き出したのです。これはまさに驚天動地の大発見でした。この発見は今でも「コ

ペルニクス的発想の転換」という言葉で称賛されているのです。

　さて、日本書紀の中には全天の星のように数えきれないほどたくさんの年代が記載されていますが、そのうち 允 恭 以前の年代はすべて出鱈目であるとされています。ところがその中にあって「百済の五王の没年」という五つの年代だけは「本当の年代との間に正確に 120 年のずれがある」という奇妙な特徴を有しているのです。このことは日本書紀の大きな謎とされていて、いまだに明快な説明がなされていません。もしかしたら「百済の五王の没年」も天動説を覆した五つの惑星のように、「日本書紀の年代は出鱈目」という定説を覆すきっかけになり得るのではないでしょうか？　それというのも日本書紀の年代が出鱈目ならば、「百済の五王の没年」が正確に 120 年ずれている理由をどうしてもうまく説明できないからです。

　歴史学者は「百済の五王の没年」が 120 年ずれていることの理由として、「書紀の編纂者が神功皇后を卑弥呼に比定するために、神功の活躍年代を 120 年繰り上げて卑弥呼のそれに一致させた。」と考えています。しかし私にはそれは全く不合理な説のように思えます。なぜなら神功を卑弥呼に比定することによって天皇家や朝廷に利することはひとつもなく、それどころか朝廷が崇敬する神功皇后が、膝を屈して中国に朝貢したことを認めることになってしまうからです。日本書紀は中国に対して日本が対等の立場にあることを主張するために編纂された歴史書だったのではないでしょうか？

　私は「百済の五王の没年」の年代のずれは神功を卑弥呼に比

定するためではなく、何かもっと別の理由があったのではないかと思います。たとえばひとつの仮説として、日本の古代には中国と全く異なる暦があり、日本書紀編纂の際にそのすり合わせがうまくいかず、年代が干支二回り分（120年）ずれてしまったのではないでしょうか。もしそうならば、その日本古代の暦がどのようなものであったのかがわかれば「百済の五王の没年」の謎が解け、さらには日本書紀の記事の本当の年代が明らかになるのではないかと思うのです。

　もしかしたらこの考え方は日本書紀の年代を解明する上で「コペルニクス的発想の転換」となり得るのではないでしょうか。

目　次

第六章　日本書紀の実年代の復元　176

終　章　196

序　章

　日本書紀は歴史学者から「机上の創作」とされています。戦後の歴史学の基礎を築いた津田左右吉氏は『古事記及び日本書紀の研究』（＊1）の中で、神武東征は史実ではなく、天孫降臨の日向と大和の地を結びつけるために後世に造作されたものであり、天皇家は初めから大和の地にいた、と述べています。

　これに対して角林文雄氏は『日本国誕生の風景』（＊2）に次のように書いています。「奈良盆地で政権を確立した大和国家は、その公式の歴史を綴った『日本書紀』の中で、自分たちの先祖は九州中部・南部を本拠とする熊襲・隼人族であったことをさまざまな形で詳しく物語っている。それは後になって皇族が祖先を立派に見せるために作り上げた物語とすると奇妙なものである。八世紀になっても大和朝廷は九州南部の隼人族を制圧する努力をしている。そのような辺境の異民族が自分たちの先祖であったなどということは自慢になる話ではないからそんな話をわざわざ作り出す必然性がない。しかるにそういう話を公式の歴史書に堂々と記しているのであるから、それは事実であったと考えざるを得ないのである。」

　私には角林氏の説の方が津田氏の説よりもはるかに説得力が

あるように思われます。天皇家が大和の出身ではなく、よそ者であることは、他ならぬ崇神紀が証明しています。崇神天皇が即位してまもなく、国民の半分近くが亡くなるという大きな災害がありました。この時、崇神天皇の枕元に大物主の神があらわれて、「これは私の意思である。私の子の大田田根子をもって私を祀らしめれば、たちどころに収まるであろう。」と述べたので、大田田根子をさがし出して祀らせたところ、災害は収まったというのです。大物主の神は大和の土地神です。なぜ大和の土地神がその国の王に祟らなければならないのか？　それは、それまで崇神天皇が大物主の神をきちんと祀っていなかったからだというのです。崇神が大和の出身者ならばあり得ないことではないでしょうか。もちろん、これは説話ですから、実際に大物主が疫病を起こしたわけではありませんが、崇神がそのような夢をみて、そう解釈したことは事実ですから、崇神に自分がよそ者であるという負い目があったことは明らかで、それこそが天皇家が大和の出身でないことを物語っているのです。

　さらに天皇家が大和の出身でないことを示す逸話があります。ヤマトトトヒモモソヒメは箸墓の被葬者として有名ですが、彼女が亡くなった原因は、自分が嫁いだ大物主の神の正体が蛇であることを知って驚いた時に箸でホトを刺したためであるとされています。ヤマトトトヒモモソヒメは大物主の神が蛇神であることを知らなかったのです。彼女は天皇の娘であり、かつ巫女ですから、大和出身であれば自分の土地神の正体を知らないなどということはあり得ないでしょう。このこともまた天皇家

が大和の出身でないことを物語っているのです。

　民俗学によれば、太陽神を拝むのは北方民族で、蛇神を拝むのは南方民族の特徴であると言います。北方民族にとっては光をもたらす太陽がありがたく、南方民族にとっては雨をもたらす竜蛇がありがたい存在だからです。大物主の神は蛇神ですから南方民族の神であると思われます。一方、天皇家の主神は天照大御神という太陽神ですから、これは北方民族の神であると考えられます。初め天照大御神と大物主神は大和の地で一緒に祀られていましたが、天照大御神は大和の土地神の大物主の神とそりが合わず、大災害の原因とされて大和の地を追い出され、さんざん放浪したあげく伊勢の地に落ち着くことになりました。天皇家にとっては自分たちの主神を追い出さなければならないほど大物主の神は恐ろしい神であり、そうしなければ奈良の地で安心して暮らすことができなかったのでしょう。

　しかし、天皇家はこのことによって大きな教訓を得ました。それはたとえ侵略や征服をしても、その土地の神様を丁重に祀れば祟りは起こらないという、土地神をなだめる術を会得したことです。その教訓が出雲の神を祀る出雲大社に生かされ、大和朝廷が全国を制覇する際の基本政策となったと思われます。それは後に仲哀天皇が熊襲征伐の際に、「我が皇祖諸天皇等、ことごとに神祇をまつりたまふ。あに、残れる神あらむや。」と言った言葉によく表されています。これこそが八百万の神を祀る神道の原理なのではないでしょうか。これは裏を返せば天皇家が八百万の部族を征服したことを表しているのです。した

がって「天皇家はもともと奈良の出身であり、侵略などはしておらず、当然、神武東征はなかった。」という津田氏の説に確かな根拠があるとは思えないのです。

　しかしながら、日本書紀が現在、歴史学者から「机上の創作」とされる理由は、もっと別のところにあります。その理由は、古代天皇の寿命があまりにも長大すぎること（100歳以上の天皇が12人もいる）、古代天皇の在位年数が異常に長いこと（神武天皇の即位年がBC660年にまで遡ってしまう）、古代天皇（神功と応神）の活躍年代が外国文献との間に120年のずれがあること、などの不合理が存在するからです。すなわち、①崩御年齢、②在位年数、③活躍年代の三つの不合理で、私はこれを日本書紀の三大不合理と呼んでいますが、いずれも常識では考えられないことばかりで、これを信じろという方が無理というものでしょう。しかしながら、この三大不合理ゆえに日本書紀のすべてを「机上の創作」と切り捨ててしまってよいものでしょうか？　むしろ「机上の創作」ならばもっと体裁の良い形にできたはずです。古代天皇の寿命といい、在位年数といい、創作にしてはあまりにも不体裁すぎるのです。

　もしかしたら、日本書紀の三大不合理は「机上の創作」の所産ではなく、単に年の数え方が違っていたせいなのではないでしょうか？　そのように考える理由は、三大不合理の「崩御年齢」「在位年数」「活躍年代」のすべてが「年」に関係があるからです。もし、年の数え方が違えば、三大不合理はすべて同時に解消できる可能性があるのではないでしょうか。

このような考え方は昔からありました。その代表的な例が「二倍暦説」です。「二倍暦説」はデンマーク人のウィリアム・ブラウゼンが「上代の天皇宝算が異常に長命なのは冬至・夏至もしくは春分・秋分をもって一年を二年として数えたからではないか。」と唱えたのが始まりです。それを示唆する資料としては「魏志」裴松之（はいしょうし）の注があります。この中に、「魏略に曰く、其の俗、正歳四節を知らず、ただ春耕・秋収を計って年紀と為すのみ。」とあるのをみて古田武彦氏は「この文章は素直に理解すれば、倭人は春耕と秋収の二時点において年紀をもつ、という意味となる。そうすると倭人は一年に二回寿（とし）をとる、という意味だ。」（『失われた九州王朝』 ＊3）と解釈したのです。さらに最近では高城修三氏が『紀年を解読する』（＊4）において記紀の詳細な検討をもとに「二倍暦説」を展開しています。

　たしかに「二倍暦説」によれば古代天皇の長寿の問題は解決できそうです。正確に崩御年齢が記録に残っている推古天皇以降の天皇の平均崩御年齢は 50 歳ですが、古代天皇の平均年齢は 102 歳でほぼ二倍になっているからです。

　それでは年代に関してはどうでしょうか？　日本書紀の年代がどれだけ延長されているのかを確かめるためには、書紀と外国資料との共通のできごとについて、その年代を比較する必要があります。そこで日本と朝鮮の共通の事件である「壬辰の変」について調べてみました。「壬辰の変」とは応神天皇の時代に紀角宿禰（きのつのすくね）らが百済に渡って辰斯王（しんしおう）を殺害し、阿花王（あかおう）を立てた事件ですが、その年代は百済の史書には「392 年の壬辰の年」

と記され、日本書紀には「応神3年の壬辰の年」と記録されています。そこで応神3年から允恭没年までの日本書紀の年数を計算すると、応神3年は書紀年代では272年ですから「壬辰の変」から允恭没年までは453（允恭没年）－272（壬辰の変）＝181で181年間となります。百済記では「壬辰の変」から允恭没年までは453（允恭没年）－392（壬辰の変）＝61ですから、百済記の61年間が日本書紀では181年間に相当することになるのです。すなわち日本書紀の年代の延長は二倍ではなく、むしろ三倍に近いのではないかと思われるのです。しかしそれを確かめるためにはもっとたくさんの日本書紀の実年代を知る必要があります。どうすればそれを知ることができるのでしょうか？

　昔、トロイの遺跡を発見したシュリーマンは、ホメロスの叙事詩「イリアス」が史実をもとに記されたものと信じてその位置を特定することによりトロイの遺跡の発掘に成功しました。それと同じように、もしも日本書紀の記事が史実をもとに記されたものならば、日本書紀の記事と外国文献とを比較することにより、記事の本当の年代を知ることができるのではないでしょうか？

　そこで、以下の原則に基づいて調べてみることにしました。

1. 日本書紀に記された記事の内容が基本的に正しいものであるとする。
2. 書紀の記事を外国文献や金石文と比較することにより、その

実年代を推定する。

3. 推定した実年代と書紀年代を比較し、書紀年代がどれだけ延長されているのかを調べる。

　もしも日本書紀の記事が出鱈目なものならば、推定した実年代と書紀年代との間に有意な関係は何も見出すことはできないでしょう。しかし、もし日本書紀の記事が真実に基づいたものならば、両者にはなんらかの相関関係が成立するに違いありません。

　このような考え方で実年代を推定し、書紀年代と比較したところ、日本書紀の年代は実年代のほぼ三倍に延長されていることがわかったのです。私はそれを「日本書紀の年代の法則」と名づけました。そしてこの法則を用いて日本書紀の年代を復元した結果、復元された年代は外国文献や金石文と非常によく整合していることが確かめられたのです。

　このことから、「日本書紀の年代の法則」は検証に値する仮説であると考えます。この法則の正しさは、今まで誰も解くことのできなかった日本書紀の謎の数々を解き明かすことによって証明されることになるでしょう。

第一章　日本書紀の年代の法則

　日本書紀の年代には法則性があります。けっして出鱈目な数字の羅列ではありません。

　戦後、日本書紀は歴史学者から「机上の創作」であるとされ、歴史研究の対象外とされてきました。それは敗戦による皇国史観への反動ということもありますが、最大の理由は古代天皇の年齢や年代にあまりに荒唐無稽な記述が多くみられるからだと思います。たとえば「神武天皇即位は紀元前660年」、「100歳以上の古代天皇が12人」、「垂仁天皇の在位年数は99年」など、とうてい信じがたい数字が並んでいるのです。私はこの「活躍年代」「崩御年齢」「在位年数」の三つを「日本書紀の三大不合理」と呼んでいますが、これらが日本書紀が信用されない最大の原因であると考えています。

　けれども、最近、考古学的研究成果の進展により、日本書紀の記事はけっして出鱈目ではないことが少しずつわかってきました。たとえば「稲荷山鉄銘剣」の発見によって伝説とされていた第8代孝元天皇の皇子である大彦の存在が証明されましたし、「纒向遺跡」の発掘によって第10代崇神・第11代垂仁・第12代景行の三代の都の存在が明らかになってきました。こ

れらの考古学的研究成果は日本書紀の記述の骨格が真実に基づいていることを物語っているのです。

　それではなぜあのような異常な年代や長寿が存在するのでしょうか？　明らかに日本書紀の年代は延長されているのです。私はこの謎を解明するため、まず初めに、日本書紀の年代がどのように延長されているのかを調べてみることにしました。しかし、それを知るためには日本書紀の記事の本当の年代（実年代）を知る必要があります。どうすれば記事の実年代を知ることができるでしょうか？

　ここにひとつの方法があります。それは外国資料と日本書紀の比較から古代天皇の即位年を推定する方法です。たとえば倭の五王と呼ばれる5人の古代天皇は即位するとまもなく中国に朝貢していて、その記録が中国の史書に残されており、しかも古代天皇の誰が倭の五王に相当するかがほぼ確定しています。すなわち、讃＝仁徳、珍＝履中（または反正）、済＝允恭、興＝安康、武＝雄略が定説となっていますから、倭の五王の朝貢年代を用いて古代天皇の即位年を推定することが可能なのです。また、安康天皇の即位年は暦学者の小川清彦氏の研究成果から推定することができますし、応神天皇の即位年は那珂通世博士の、神功皇后の在位年代については若井敏明氏の有力な論考があります。そこでこれらの研究成果をもとにして古代天皇の即位年を推定してみたいと思います。

第1節　安康天皇の即位年

　まず初めに、日本書紀の年代がいつから延長されているのか
を調べてみましょう。それを知る上で非常に重要な手がかりは、
1946 年に発表された暦学者の小川清彦氏の『日本書紀の暦日
に就て』（＊5）という論文です。小川氏はこの中で、日本書紀
の安康3年（456 年）以降の年代が元嘉暦（中国の宋の暦）に
よって記されていることを指摘しました（図表1－1）。小川氏
は日本書紀に記述されているすべての年月日の「月の朔日の干
支」を、計算により得られる同年同月の元嘉暦による「月の朔
日の干支」および儀鳳暦による「月の朔日の干支」と比較した
結果、「日本書紀の神武以降履中までの年月日の干支は儀鳳暦
に合致しており、安康以降持統までの年月日の干支は元嘉暦に
合致している」という事実を発見したのです。そして「安康元
年（454 年）以降が元嘉暦による推算であろう」としたのでし
た。

　この論文はふたつの重要な事実を示唆しています。ひとつは
「允恭以前の暦日は儀鳳暦によって記されているが、儀鳳暦は
日本に 677 年に伝えられたものなので、允恭以前（453 年以前）
に使えるはずがなく、允恭以前の暦日は日本書紀編纂時に作為
されたものである。」ということです。もうひとつは「安康以
降の暦日は元嘉暦に一致しているので、元嘉暦を使用して記さ

図表1−1 日本書紀月朔干支と儀鳳暦・元嘉暦の月朔干支対照表

日本書紀の月朔干支		西暦	儀鳳暦	元嘉暦
太歳 甲寅	11月 丙戌	前666	丙戌	丁亥
	6月 乙未	662	乙未	丙申
神武 元年	正月 庚辰	659	庚辰	辛巳
4年	2月 壬戌	656	壬戌	癸亥
42年	正月 壬子	618	壬子	発丑
77年	9月 乙卯	583	乙卯	丙辰
安寧 3年	正月 戊寅	545	戊寅	己卯
懿徳 2年	2月 癸卯	508	癸卯	甲辰
孝安 38年	8月 丙子	354	丙子	丁丑
崇神 9年	3月 甲子	88	甲子	乙丑
10年	7月 丙戌	87	丙戌	丁亥
垂仁 15年	2月 乙卯	14	乙卯	丙辰
23年	10月 乙丑	6	閏10月乙丑	閏10月乙丑
景行 12年	9月 甲子	後82	甲子	乙丑
成務 2年	11月 癸酉	132	癸酉	甲戌
仲哀 元年	閏11月 乙卯	192	閏11月乙卯	閏12月甲申
9年	3月 壬申	200	壬申	癸酉
仁徳 87年	10月 癸未	399	癸未	甲申
履中 5年	9月 乙酉	404	閏9月乙酉	閏9月乙酉
安康 3年	8月 甲申	456	癸未	甲申
雄略 4年	8月 辛卯	460	庚寅	辛卯
清寧 4年	閏5月	483	閏5月戊申	閏5月戊寅
安閑 元年	閏12月	534	閏12月己卯	閏12月己卯
欽明 9年	閏7月 庚申	548	閏7月庚申	閏7月庚申
31年	3月 甲申	570	3月甲申	3月甲申
敏達 10年	閏2月	581	閏2月辛巳	閏2月辛巳
推古 10年	閏10月 乙亥	602	閏10月乙亥	閏10月乙亥
舒明 2年	正月 丁卯	630	閏正月丁卯	閏正月丁卯
皇極 2年	閏7月 戊寅	643	8月戊寅	閏7月戊寅
	8月 戊申	643	閏8月戊申	8月戊申
天智 6年	閏11月 丁亥	667	12月丁亥	閏11月丁亥

（小川清彦『日本書紀の暦日に就て』の「第三表　月朔及閏月異同対照表」
より。内田正男編著『日本書紀暦日原典』所収）一部抜粋

れている。」ということです。

　ところで暦の使用というのは、その頃、中国王朝と周辺諸国との間で重要な取り決めがありました。それは冊封体制(さくほうたいせい)と呼ばれる中国王朝の支配体制の中で行われたことだからです。古代の中国王朝において、暦は皇帝が定めるものとされていました。歴代の皇帝は天文学者に命じて最新の暦を作らせ、それを周辺の冊封国に下賜していました。周辺の国々は中国の皇帝に朝貢し、位階をもらって従属するかわりに、中国王朝の保護を受ける立場を保障されていたのですが、その際、中国と同じ暦を使用することを義務づけられていました。したがって日本が元嘉暦を使い始めたのは中国の元嘉暦使用開始（445年）後の最初の朝貢の時、すなわち允恭（倭王済）の朝貢した451年以後と考えることができるのです。

　それでは、この時期から元嘉暦が使用されたことを示す具体的な証拠はあるのでしょうか？　もしこの時期から元嘉暦が使用されたのであれば、これ以降、日本の年代が中国や朝鮮の年代とぴったり一致するはずです。それを示す好例が「武寧王の誕生秘話(ぶ ねいおう)」なのです。

　日本書紀には武寧王について次のように記されています。第21代雄略天皇の時代、百済は日本に朝貢し、代々の王は自分の娘や息子を人質として日本に差し出していました。ところが雄略天皇は、人質として送られてきた池津媛が他の男と恋仲になったことを怒って火あぶりにし、あらたな人質を要求したのです。これを聞いた百済王は、「もう二度と娘を人質には出さ

ない。弟よ、すまないがおまえが代わりに日本へ行ってくれないだろうか？」と頼んだのです。王の弟のコムキは「わかりました。ただ、ひとつだけお願いがあります。王の妃のひとりを一緒に連れてゆくことをお許しください。」と言って、こともあろうに臨月の妃をもらい受け、「子供が生まれたら王に返す」という約束で出発、九州の加唐島で子供が生まれたため本国に送り返しました。これが後に百済中興の祖となった武寧王で、島で生まれたから「嶋王」と名づけられたというのです。

作家の黒岩重吾氏は、初め、これを全くの作り話だと思っていたそうです。よりによって臨月の妃をもらい受けるなどということは常識的に考えられないというわけです。ところが1971年に韓国で武寧王の墓が見つかり、その墓碑には「嶋王」と書かれていて、しかも、その出生年も没年も日本書紀とぴったり一致していたのです。黒岩氏はこのことに大きな衝撃を受け、それ以来、日本書紀の記事の正しさを信じるようになったのだといいます。

このように一見荒唐無稽に思える日本書紀の記事にも意外な真実性があるのです。そして、この「武寧王誕生秘話」の重要性は、その内容もさることながら、むしろその年代の確かさにあります。墓碑と書紀の年代がぴったり一致していたことは、第21代雄略天皇の時代には日本でも元嘉暦が使用されていたことを示しているのではないでしょうか。

歴史学者の倉西裕子氏もこれを重視し『日本書紀の真実』(＊6)の中で次のように述べています。

「書紀の編年において雄略5年は西暦461年に相当しますが、雄略5年条には百済国の武寧王（在位：501〜523年）が出生したとみえます。1972年に韓国の忠清南道の公州邑に所在する伝武寧王墓から出土した墓誌に『寧東大将軍百済斯麻王年六十二歳癸卯年五月丙戌朔七日壬辰崩到乙巳年八月癸酉朔十二日甲甲安暦登冠大墓立志如左』と記されており、「癸卯」の年の523年に「斯麻王」が62歳で没したとあります。523年から「斯麻王」の宝算（享年）の62年を引いて逆算して求められ得る出生年は461年となり、雄略5年条にいう「嶋君（武寧王）」の出生年と一致します。（中略）雄略5年が461年に相当することは、研究者の間においても異論はなく、雄略5年は武寧王（斯麻王）の出生年の461年と考えてほぼ問題はありません。」

　つまり、雄略5年＝西暦461年で雄略天皇の時代は朝鮮と同じ暦、すなわち元嘉暦が使われていたと考えられるのです。小川氏は雄略の時代はもちろん、安康の即位年（454年）から日本書紀の年代は元嘉暦で記されていると推定しています。ここにおいて次式が成立すると考えます。

　安康天皇即位年：書紀年代454年＝推定実年代454年

第2節　履中・反正・允恭天皇の即位年

　次に、履中・反正・允恭天皇の即位年について同時に検討してみたいと思います。この3人の天皇は倭の五王に相当すると考えられているからです。倭の五王とは、5世紀の中国の歴史書に記述のある倭国の5人の王、すなわち、讃、珍、済、興、武のことです。この倭の五王が、日本のどの天皇にあたるかに関しては諸説あり、すべてが確定しているわけではありませんが、「武」については雄略天皇とする説が有力で、研究者間でほぼ一致をみています。雄略の和名「幼武（ワカタケル）」は倭王「武」にぴったりなことと、雄略が460年頃から480年頃まで在位したことが、武寧陵の墓碑や稲荷山古墳の鉄銘剣などから明らかになったからです。

　478年の倭王武の有名な上表文には次のように書かれています。（以下、森公章『倭の五王』〔＊7〕）

　「わが国は〔中国から〕はるか遠くにあって、外夷に対する天子の藩屏になっています。わが先祖は、代々みずから甲冑をまとって幾山河を踏み越え、席を温める暇もなく戦ってきました。東方の毛人を征すること55国、西方の衆夷を服すること66国、海を渡って海北（朝鮮半島）を平らげること95国にものぼりました。（中略）しかるに高句麗は理不尽にも〔百済〕を併呑しようと企て、辺隷を掠抄し殺戮をやめようとしません。

（中略）私の亡き父の済は〔高句麗〕が入朝の海路を塞いでいるのをいきどおり、戦備を整えた100万にものぼる兵士たちも義声をあげて感激し、大挙出征しようとしていましたが、そのとき、にわかに父（済）と兄（興）を喪い、まさに成就せんとしていた功も水泡に帰してしまいました。（後略）」

　この上表文から明らかなことは、武の兄が興で、父が済であることです。すなわち、武が雄略ならば、興は兄の安康、済は父の允恭ということになります。問題は珍と讃ですが、これに関してはいくつかの説があります（図表1-2）。

図表1-2　　倭の五王の比定

遣使年代	425、421	438	451、443	462	478年
遣使の王	讃	珍	済	興	武
A説	履中	反正	允恭	安康	雄略
B説	仁徳	反正	允恭	安康	雄略
C説	仁徳	履中	允恭	木梨	雄略

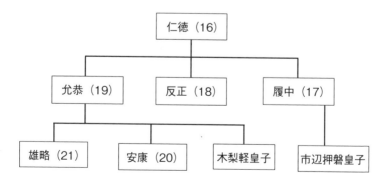

まず、A説は、順番通りに珍を反正にあて、讃を履中にあ
てています。しかし讃は421年から貢献しているので、438年
の珍まで17年の開きがあり、在位期間が6年と短かった履中
にはあてはまらないことになります（履中と反正をあわせても
11年にしかならないからです）。そこで在位期間の長かった仁
徳天皇を讃にあて、珍を反正にあてたのがB説で、珍を履中
にあてたのがC説です。ところが、宋書には「珍は讃の弟」
と書かれてあるのです。履中も反正も仁徳（讃）の息子ですか
ら、A説だけが成立しB説もC説も成り立たないことになっ
てしまうのです。

　そこで、B説を支持する高城修三氏は『日出づる国の古代史』
（＊8）の中で次のように解釈しています。「反正天皇の兄で先代
にあたる履中天皇は治世年数が6春秋年と少なく、遣使がな
かったので、宋の役人はその存在を知らず、（反正天皇の使者
に対して、）『前王（讃）との続柄はいかに？』と倭国の使者に
問うたのであろう。これに対し、反正天皇の使者にとって『前
王』といえば履中天皇であるから、『前王の弟です。』と答えた
と考えられよう。」というのです。

　しかし、私は宝賀寿男氏の「倭王珍＝履中天皇」説のほうに
より強い説得力を感じます。宝賀氏は『「神武東征」の原像』
（＊9）の中で古代天皇の即位年代を次のように推定しています。

　390年　応神天皇即位
　413年　仁徳天皇即位

435 年　履中天皇即位

438 年　反正天皇即位

441 年　允恭天皇即位

462 年　安康天皇即位

465 年　雄略天皇即位

　そしてこれらの推定年代を倭の五王の遣使記事によって次の
ように検証しています。

　「まず、西暦 413 年の遣使は、仁徳の元年にあたるが、中国
南朝への初めての渡航であって、その準備・渡航の期間などを
考えると、仁徳の先代大王が出した遣使の可能性があろう。
421 年および 425 年の倭王讃の遣使は仁徳の治世期間に納まり、
その次の倭王珍の遣使 438 年 4 月は反正元年にかかるものの、
中国への派遣準備・渡航期間等を考えると、むしろ前代の履中
のほうが可能性が大きい。三番目の倭王済の遣使 443 年は允恭
元年の 2 年後となり、451 年の倭王済の遣使も允恭の治世時期
に納まる。4 番目の倭王世子興の遣使 462 年 3 月は安康元年と
なるが、記紀の記事からこのときの政変を考え、派遣準備・渡
航の期間も併せ考えると、安康の長兄・木梨軽皇子（きなしのかるのみこ）としたほ
うが妥当であろう。最後の倭王武の遣使 478 年は問題なく、雄
略の治世時期に納まる。（中略）

　倭王讃の『弟』とされる珍については、兄の履中が倭五王か
ら何らかの理由で欠落して中国側に伝えられたとみて、その
『弟』として反正を考える見解が多いが、年代論からすると、

反正が即位して直ちに遣使準備をさせ、それが支障なく進んで渡航も順調だったとみるのは疑問がある。むしろ、前代の履中が珍であって、珍のときに平西将軍に任じた倭姓の王族『倭隋』が皇弟の反正にあたるとみるほうが自然であろう。」

　このように宝賀氏は新天皇が即位してから中国へ遣使するまでには2〜3年程の期間を要すると考え、443年の済の遣使から済（允恭）の即位は441年、438年の珍の遣使から珍（履中）の即位は435年、そしてその間の反正の即位は438年と想定しています。そして珍を履中に比定した理由として、履中が住吉仲皇子のクーデターにあって窮地に陥った際、反正が仲皇子を殺害して履中を助けたことから履中が反正を皇太子に指名したことを挙げ、宋への遣使の際も反正（倭隋）を平西将軍に推挙したのではないか、と考えています。

　確かに履中を珍とする時、反正は平西将軍に最もふさわしいでしょう。平西将軍は安東将軍と位階がひとつしか違わず、ほぼ同格です。そのような高い位を天皇家以外の豪族に与えるとは考えにくく、しかも平西将軍は「倭隋」という倭姓を持つ人物なので、天皇家の人物と考えて間違いないと思われるからです。そうなると「倭隋」は反正しかいないのではないでしょうか。それにひきかえ、反正が珍であったとした場合には平西将軍にふさわしい人物が見当たらないのです。允恭は体が弱く、反正が亡くなった時、何度も皇位を辞退していますが、その時の言葉に、「我が兄の二人の天皇、我を愚なりとして軽したまふ。群卿の共に知れる所なり。」とあり、生前、反正が允恭を

軽視していたとしたら、平西将軍に推挙したとは考えにくいからです。また、もし允恭が平西将軍だったなら、皇位を辞退するはずがないのではないでしょうか。

　以上より宝賀氏の説に従い、「倭王珍＝履中天皇」としたいと思います。そして履中が晩年に宋に遣使し、倭国王に任じられた438年には反正が即位していたという氏の説に従い、反正即位＝紀年406年＝西暦438年とし、履中はその3年前の即位で履中即位＝紀年400年＝西暦435年、允恭は倭王済の遣使（443年）の2年前の即位で、允恭即位＝紀年412年＝西暦441年といたします。

　　履中天皇即位：書紀年400年＝推定実年代435年

　　反正天皇即位：書紀年406年＝推定実年代438年

　　允恭天皇即位：書紀年412年＝推定実年代441年

　ただし、「即位から遣使までには2〜3年程の期間を要する」というのは宝賀氏の推測によるものですから、1〜2年の誤差はありうると考えます。

第3節　仁徳天皇の即位年

　次に「仁徳天皇の即位年」について調べてみましょう。
　仁徳天皇の即位年の手がかりとなるのは、ひとつは阿花王（あかおう）没

年（405年）です。日本書紀によれば、この年、応神天皇が人質の直支王を呼んで、「汝、国に帰って王位を継げ。」と言っているからです。すなわち日本書紀の記事を信じる限り、405年には応神はまだ健在で、仁徳の即位はそれより後になるのです。

　もうひとつの手がかりは、413年の高句麗と倭国の晋への朝貢です。これについて伊藤友一氏は『倭の五王は誰か』(＊10)の中で、『南斉書』および『梁書』に「晋安帝の時、倭王讃あり」とあることから、413年の晋の安帝への朝貢は倭王讃によるものと考えました。晋の安帝の在位期間は397年から419年であり、この間の倭の朝貢は413年の一回だけだからです。それでは倭王讃は誰なのでしょうか。伊藤氏は倭の五王の朝貢年代からそれぞれの王の在位年数を推定し、在位年数の長い仁徳を讃に比定しました。その結果、仁徳の即位年は413年以前となります。

　以上より、仁徳の即位年は阿花王没年（405年）以後で、晋の安帝への倭王讃の遣使（413年）以前ですから、410年前後ということになります。

　この仁徳の即位年について高城修三氏は、その著『日出づる国の古代史』(＊8)において二倍暦説に基づいて次のように考察しています。

　「広開土王碑文に『倭は辛卯年を以て渡海し来りて』と記された辛卯年（391年）以来、朝鮮半島南部の覇権を争って広開土王と激しく戦ったのは応神天皇である。辛卯年に即位した広開土王は、このとき18歳の青年大王、一方、応神天皇は太陽

年で50歳、治政24年目である。以降、十数年にわたって両者は半島で対峙する。（中略）404年、倭軍は帯方郡の地に侵入した。しかし、それを迎え撃った高句麗軍に敗れ、惨殺無数というありさまになる。百済は倭国との修好をはかって、405年2月、王仁を遣わしている。その翌月、百済の阿華王が不慮の死をとげると、倭国は護衛兵を付けて人質の直支を送り返して即位させ、何とか劣勢を立て直そうとする。高句麗に内通している新羅への攻撃も強めている。応神28年に高麗（高句麗）の遣使があり、その表に『高麗の王、日本国に教ふ』とあったのを見て、太子の菟道稚郎子が無礼であると怒り、使者を責めて表を破り捨てたというのも、このころであろう。菟道稚郎子は王仁に漢籍を習ったとあり、王仁来朝（405年）から応神天皇崩年（407年）までの2年間がそれに相応しいからである。半島で軍事的優位にあった高句麗は、小中華帝国を目ざし、倭国を属国扱いしたのであろう。王仁から儒教を学んで、倭国こそが小中華に相応しいと思っていた菟道稚郎子にとって、高句麗の態度は許容できるものではなかった。菟道稚郎子は理想主義者であり、のちの聖徳太子の先駆であったと言えよう。広開土王に対峙して半島で軍事行動を展開している応神天皇にとって頼もしい息子だったからこそ、その治世の晩年に、年長の兄たちを差し置いて菟道稚郎子を太子としたのであろう。407年春年2月の応神天皇崩御の前後、倭国は対馬に新たな軍営を設ける。（中略）広開土王碑文に拠れば、その年、広開土王は歩騎5万を繰り出し、斬殺蕩尽、一万余の鎧甲を捕獲したという。

半島の覇権を争う決戦であったと思われるが、文字が磨滅していて、その相手が判別できない。しかし、前後の事情を勘案すれば、倭国・百済連合軍との決戦であろう。応神天皇亡き後、この戦いを主導したのは菟道稚郎子と思われる。しかし、倭国は敗退した。それが410年春年の菟道稚郎子の自殺の原因ではなかろうか。一方、応神崩御時にはすでに34歳で、現実主義者であった仁徳天皇は戦争で疲弊した国家再建のために高句麗との和平を望んでいた。その意に応えたのが、409年9月に来朝した阿知使主（あちのおみ）である。あるいは仁徳天皇が戦後処理のために百済から呼び寄せたのかもしれない。その翌年（410年）に即位した仁徳天皇は、敗戦の残務処理をし、父応神天皇の巨大な陵墓も完成すると、疲弊した民を安んずるために3年の課役免除を宣言するのである。」

　これは大変面白い説です。なぜなら、この説によって理由が不明であった「菟道稚郎子の自殺の原因」と「仁徳天皇の3年間の課税免除」というふたつの謎がいっぺんに解決できるからです。まず、仁徳天皇は即位するとすぐに3年間の課税免除を実施しています。世にいう「かまどの煙」という聖帝伝説です。どうしてそんなことをしなければならなかったのか？　崇神天皇の時のような疫病があったとは書かれていません。高城氏は高句麗との戦いの敗北が原因ではなかったか、と考えたのです。好太王碑文には407年に高句麗が「五万の兵を率いて（倭と）戦い、全滅させ、鎧兜一万余を獲得した。」と書かれています。これは倭国の歴史的大敗北です。高城氏はこの戦いこそが好太

王と菟道稚郎子との決戦だったに違いないと考えました。この大敗北によって若い菟道稚郎子は自信を失って自殺し、仁徳天皇は国力回復のために3年間の課税免除をしなければならなかったというのです。ここから高城氏は応神天皇の没年は倭が高句麗に敗北した407年頃であろうとしたのです。

　そこで応神天皇没年は西暦407年で、その後、仁徳と菟道稚郎子の間で3年間の皇位の譲り合いがあって410年に仁徳が即位したという高城氏の説に従いたいと思います。

　仁徳天皇即位年：書紀年代313年＝推定実年代410年

　ただし、3年間の皇位の譲り合いというのは引き延ばされている可能性が高いため、1～2年の誤差はありうると考えます。

第4節　応神天皇の即位年

　応神天皇の即位年について検討してみたいと思います。
「応神天皇の即位年は西暦390年」という説が有力ですが、この説を最初に唱えたのは明治の歴史学者の那珂通世博士です。これについて竹田昌暉氏は『一三〇〇年間解かれなかった日本書紀の謎』(＊11) の中で次のように述べています。
　「那珂博士は、辛酉革命説で神武元年の歴史年代を解明することはできないが、神功皇后紀と応神紀年に関しては、歴史年

代を解明する手掛かりがあるとした。ではその手掛かりは何にあるのかというと、『日本書紀』の神功・応神紀で、一部記述の30年間の書紀年代が、歴史年代より120年ほど繰り上げられていることにあるとした。

　具体的にいうと『日本書紀』には、神功55年（255）の百済の肖古王の薨年（崩年）から、応神16年（285）の百済の阿花王の薨年までの30年間に、百済の五王の薨年干支が記載されている。

　だが、すでに本居宣長がそれらを朝鮮史料の『三国史記』（1145）と『東国通鑑』（1484）と対比して、五王名とその薨年干支は双方ともに神功紀のそれとぴたりと一致していたが、その年代が120年ずれていることに気がついて、歴史年代は朝鮮資料のほうが正しいだろうと指摘していた。

　それについて那珂博士は、『日本書紀』の年代のほうが、歴史年代より120年繰り上げられていると推断したのである。そうなると神功紀55年（255）の歴史年代は、それより120年後の西暦375年だったことになり、応神紀16年（285）の歴史年代は、それより120年後の西暦405年だったことになる。すなわち『日本書紀』の神功紀の一部から、初めて4世紀から5世紀までの30年間の歴史年代が復元されたのである。

　そうなると応神紀元年（270）はこの30年間内にあるから、応神元年（270）の歴史年代は120年後の西暦390年となり、応神天皇が5世紀前後に実在したことが応神紀によって初めて確定したのである。それによって応神元年（西暦390年）が、

古代史の標準時計となり、『上代年紀考』が不滅となった。」

このように竹田氏は那珂説を絶賛しています。

またこの説は直木孝次郎氏によっても支持されています。直木氏は『日本古代史と応神天皇』（＊12）の中で、「応神の在位の期間であるが、即位の年（応神元年）は、『書紀』の紀年をそのまま西暦に換算すると、270年となる。しかし応神3年の干支の壬辰に注目すると、『書紀』応神3年是歳条に、『是の歳、百済の辰斯王（筆者注：阿花王の間違いか）立つ』とあり、『三国史記』など朝鮮の史料によると、阿花王の即位は392年壬辰で、応神天皇3年も壬辰だが、西暦では『書紀』の紀年を干支二運すなわち120年繰り下げると一致する。したがって応神の即位の歳は390年と推定できる。」と述べています。

そうなると応神天皇の活躍年代は百済の辰斯王、阿花王、直支王の時代にまたがることになり、高句麗の好太王と同時代となります（図表1－3）。すなわち、好太王と10年以上にわたって激戦を繰り広げたのは応神天皇だったということになるのです。

応神天皇は八幡大神として宇佐八幡宮に祀られていますが、八幡大神は「武の神」として源氏に崇拝されています。それは応神天皇が朝鮮半島に進出し、当時の強勢な軍事国家だった高句麗の好太王と激闘を繰り広げた記憶が語り伝えられていたからではないでしょうか。好太王と戦ったのは仁徳天皇であるという説（大平氏、牧村氏）や、神功皇后であるという説（安本氏）もありますが、それでは応神天皇が「武の神」であるとさ

図表1-3　応神天皇と好太王

西暦	高句麗	百済	倭国
390			
391	好太王即位		応神即位
392		辰斯王没 阿花王即位	
397	好太王	直支王入質	応神天皇
400	倭を破る	阿花王	
405	倭を破る	阿花王没 直支王即位	応神没
407	倭を破る		仁徳即位
410			
412	好太王没		
413	晋に朝貢		晋に朝貢

れた根拠がわからなくなってしまうのではないでしょうか。高城氏は応神没年を407年としています（＊4）が、「応神天皇は高句麗との戦いの中で崩御した天皇であったからこそ、のちに武人の神となる八幡大神として尊崇を集めることになるのである。」と述べているのはもっともであると思います。

　それではここで、「日本書紀と百済記の120年の年代のずれ」について簡単に考察しておきたいと思います。これは本居宣長が発見し、那珂通世博士が確立した有名な説ですが、なぜ正確に120年のずれがあるのかについてはいまだに定説がありませ

ん。一般的には神功皇后の活躍年代を卑弥呼の時代に一致させるために書紀の編纂者が造作した、と考えられているようです。しかし私は日本書紀の編纂者が百済記の西暦375年から405年までの記事をそっくりそのまま干支をそろえて神功紀と応神紀に貼り付けた、と考えた方がわかりやすいと思います。そのとき、すでに古代天皇の年代は引き延ばされていたことになりますが、編纂者はそれに気づかずに貼り付けてしまったため、ずれが生じてしまったのです。そのずれがなぜ干支二運なのかという説明が必要ですが、それについては後に詳しく検討することとし、ここで重要なことは、貼り付けられた百済記の30年間の記事の内容と年代は、百済記に間違いの無い限り歴史的事実である、ということです。そして西暦392年の辰斯王の死は日本書紀によれば応神3年の倭国による内政干渉の結果ですから、応神天皇の即位年は西暦390年と推定されることになります。このことから以下の等式が成立します。

　応神天皇即位年：書紀年代270年＝推定実年代390年

　ただし、日本書紀の年数は延長されている可能性が高いため、応神3年が392年でも応神の即位年が390年とは限らず、1〜2年の誤差はありうると考えます。

34

第5節　神功皇后摂政開始年

　次に「神功皇后摂政開始年」について検討してみたいと思います。神功皇后が摂政を開始したのは、いわゆる三韓征伐の時ですから、三韓征伐がいつおこなわれたかを調べることによってわかるのですが、これについては歴史学者の若井敏明氏の論考を参考にしたいと思います。以下は若井氏の『邪馬台国の滅亡』（＊13）からの抜粋です。

　「『日本書紀』は神功紀の後半に、朝鮮半島の加羅諸国や百済との交渉と出兵を記した実録的な記事をのせている。この年代は『日本書紀』では246年からのこととなっているが、その記事に出てくる百済の王名などからみて、その実年代は、干支二巡、120年繰り下げることで求められることがすでに明らかにされている。当時の年代は甲子や壬申など、十干と十二支を組み合わせた60通りの干支で表されていたが、その方法だと60年で一巡して同じ干支がめぐってくるのである。さて、それによれば、366年に加羅の卓淳国に使者をつかわし、そこから百済に赴いたが、翌367年に百済の使いが新羅の使いとともに来日して朝貢したとみえ、さらに369年に朝鮮に出兵して新羅を破ったと記す。ここでわたしが問題とするのは、367年に百済と新羅が朝貢してきた時点で、皇太后（神功）と太子（のちの応神）が『先王の所望したまひし国人、今まうけり。痛まし

きかな、天皇に逮（およ）ばさざることを。』と述べたと記されていることである。これは366年の朝鮮半島への使者の派遣が、神功の末年ではなく、じつは先王つまり仲哀の晩年におこなわれ、その成果をまたずに仲哀が崩御したことを示している。わたしはそこから、『記紀』がともに記す荒唐無稽な神功の朝鮮出兵の物語が、じつはこの朝鮮南部への出兵の説話化されたものだと推測するのだが、このように考えれば、仲哀の没年は366、7年ということになり、仲哀の治世におこなわれた大和政権による北部九州諸国の制圧もまた、この時期をさほどさかのぼらないことはあきらかなのである。」

　すなわち若井氏は、いわゆる神功皇后の三韓征伐といわれているものは、じつは神功49年の条に記された新羅攻略のことであり、しかも神功の末年のできごとではなく、仲哀が亡くなってまもなく行われたもので、369年のできごとであるというのです。

　それでは神功皇后の三韓征伐が若井氏によってなぜ369年とされたのかについて詳しくみてみましょう。若井氏は百済記から日本書紀への転記のはじまりを神功55年の肖古王の記事からではなく、神功46年の斯摩宿禰の朝鮮派遣からと考えました。確かに書紀では神功46年の斯摩宿禰（しまのすくね）から神功55年の肖古王崩御までの記事は一連の話になっていて、すべて百済記からの転記の可能性が高いと思われます。そうすると年表は次のようになります。

神功 46 年（百済記 366 年）　斯摩宿禰を卓淳国に遣わす。

神功 47 年（百済記 367 年）　百済王、久氐らを遣わして朝貢
　　す。

神功 49 年（百済記 369 年）　荒田別、鹿我別らを遣わして新
　　羅をうつ。

神功 52 年（百済記 372 年）　久氐ら、七支刀を献上す。

神功 55 年（百済記 375 年）　肖古王没す。

　百済記からの転記が肖古王没年の 10 年前の斯摩宿禰の記事
から始まる、とする根拠は 372 年の七支刀の献上です。七支刀
の銘文には 369 年作成と書かれています。七支刀献上の記事は
日本書紀の編纂者が七支刀の銘文をみて作文したものだ、とす
る説がありますが、もし七支刀献上の記事が編纂者の創作で、
七支刀の銘文から作文したのなら、献上の年代を 369 年とする
はずではないでしょうか？　それを 372 年としたのは、百済記
にそのように書かれてあったからだと思われます。また、日本
書紀には「七支刀」ではなく、「七枝刀」と書かれてあります。
ところが七支刀の銘文には「七支刀」と刻まれていますから、
これも銘文からの作文ではなく、百済記に「七枝刀」と書かれ
ていたのでしょう。すなわち、252 年の七支刀の記事も百済記
からの転記なのです。さらに、七支刀を献上した久氐は神功
46 年（246）年から登場しますから、百済記からの転記は神功
46 年（246）の記事から始まっていると考えるべきなのです。

　さらに若井氏は 366 年の斯摩宿禰の卓淳国への派遣は仲哀天

皇がしたことである、と考えました。その理由は、367年に久氏らが日本に朝貢した際、神功皇后が「先王の所望したまひし国人、今まうけり。痛ましきかな、天皇におよばさざることを。」と言っているからです。すなわち、仲哀天皇は斯摩宿禰の報告を待って新羅攻略を行うつもりでいたのですが、思いもよらず、突然急死してしまったのです。つまり仲哀の死は366年から367年の間ということになります。その後しばらく仲哀天皇の死は伏せられたまま熊襲征伐が行われましたから、神功皇后の摂政就任は369年の新羅攻略の時ということになります。これが若井氏の「神功摂政就任＝西暦369年」説の考え方であると思われます。

　この説の卓越しているところは、書紀の神功46年の斯摩宿禰からの記事が百済記からの転記であるとした点、そして神功の「痛ましきかな……」の言葉からその直前に仲哀が亡くなったとした点、さらに三韓征伐を書紀の神功49年の新羅攻略のことである、とした点です。すなわち若井氏は、書紀の神功46年から応神16年までの40年間の記事のほとんどが百済記からの転記で、120年の時差をもって真実を伝えるものである、と考えることにより、仲哀の没年や三韓征伐、七支刀献上などの年代をすべて合理的に解釈することに成功したのです。その結果、以下の等式が成立することになります。

　神功摂政開始年＝書紀年代201年＝推定実年代369年

第6節　書紀年代と推定実年代の相関

　第1節から第5節において、日本書紀の7人の天皇（神功皇后を含む）の即位の実年代が推定されました。これらをまとめると図表1−4になります。これらはいずれもエビデンスレベルの高いものばかりで、その誤差は2〜3年以内と思われます。それではこれらの推定実年代は日本書紀の年代（書紀年代）とどのような関係にあるのでしょうか？

図表1−4　古代天皇の即位年の推定

	書紀記事	書紀年代	推定実年代	主な根拠	研究者
1	安康即位	454 年	454 年	古代暦の研究	小川清彦
2	履中即位	400 年	435 年	宋書	宝賀寿男
3	反正即位	406 年	438 年	（倭の五王）	
4	允恭即位	412 年	441 年		
5	仁徳即位	313 年	410 年	好太王碑文等	高城修三
6	応神即位	270 年	390 年	東国通鑑など	那珂通世
7	神功摂政	201 年	369 年	七支刀など	若井敏明

　それを調べるために、これらの五つの年代を用いて書紀年代と推定実年代の相関グラフを作ってみました（図表1−5）。グラフの縦軸に書紀年代、横軸に推定実年代をとり、七つの年代をグラフ上にプロットしてみます。すると、七つの点はほぼ一直線上に並んでいることがわかったのです。これは、書紀年代

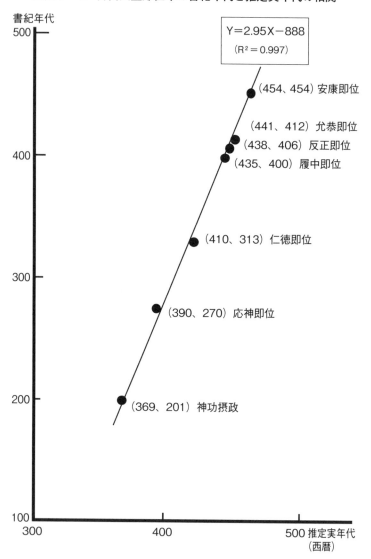

図表1−5 古代天皇即位年の書紀年代と推定実年代の相関

書紀年代

Y＝2.95X−888
（R²＝0.997）

（454、454）安康即位

（441、412）允恭即位
（438、406）反正即位
（435、400）履中即位

（410、313）仁徳即位

（390、270）応神即位

（369、201）神功摂政

推定実年代
（西暦）

と推定実年代との間に強い相関があることを示しています。すなわち、書紀年代はでたらめに延長されたものではなく、実年代を一定の比率で延長したものであることを表しているのです。

そこで、最小二乗法を用いて近似直線を描き、直線の式と相関係数を求めると、近似直線は、Y=2.95X − 888、相関係数は、R^2=0.997 となりました。相関係数 R がこのように高い値を示したことは、日本書紀の年代に法則性があることを表していると考えてよいでしょう。そして近似直線の傾きが2.95と3に非常に近い値であることは、「日本書紀の年代が実年代の3倍に延長されている」ことを示していると考えられるのです。私はこれを「日本書紀の年代の法則」と名付けることにしました。

さて、もし、書紀年代（y）の年数が実年代（x）の年数の正確に三倍になっているとしたならば、yとxとの間には y = 3 x + k（k：定数）の式が成り立つはずです。書紀年代の延長は允恭天皇没年から始まりますから、允恭天皇没年は書紀年代も実年代も同じ年で、x = 453、y = 453 となります。これを代入してkを求めると、 k = − 906 となります。したがって、

　y（書紀年代）＝3× x（実年代）− 906

となります。これを書紀年代（X）から実年代（Y）を求める式に変換すると、

　Y（実年代）=｛X（書紀年代）+ 906｝ ／ 3（切り上げ）

　　　　　　= X（書紀年代）÷ 3 + 302

という式が得られます。この式こそが「日本書紀の年代の法則」から導き出された、「書紀年代から実年代をもとめる換算

式」なのです。これによって日本書紀の記事の実年代が算出で
きることになったのです。

第二章 「三倍暦」の仮説

第1節 「三倍暦」の仮説

　「日本書紀の年代の法則」にみるように、日本書紀の年代は三倍に延長されていると考えられます。それはいったいなぜなのでしょうか？　その原因についてふたつの仮説が想定されます。

　まずひとつは「三倍造作説」です。すなわち、日本の歴史を長く見せかけるために故意に年代を三倍に延長した、とするものです。もうひとつは「三倍暦説」です。これは二倍暦説と同様に、古代では年の数え方が異なっていて、一年（12か月）を三年と数える暦が使われていた、とするものです。いったいどちらを想定するべきなのでしょうか？

　砂川恵伸氏はその著『古代天皇実年の解明』（＊14）の中で「三倍在位年数説」を唱えています。すなわち、允恭以前の在位年数が故意に実年数の三倍に延長されているというのです。砂川氏は古事記の崩年干支を重視し、反正崩御は西暦437年で、反正崩御の後2〜3年の空位期間をおいて允恭が即位したと考

え、允恭の即位は 441 年頃であり、その崩御は崩年干支から
454 年ですから、允恭の在位年数は 14 年間であるとしています。
そしてそれが日本書紀では 42 年間とされていることから、14
× 3 = 42　で、日本書紀は古事記の年数の丁度三倍になって
いるとし、古事記の年数が正しく、「日本書紀の記述する允恭
の在位年数 42 年は、真実の在位年数 14 年を三倍した年数であ
ろう。」というのです。さらに仁徳天皇の在位年数についても、
古事記の崩年干支から応神の崩御は 394 年で、その後 398 年ま
ではウジノワキイラツコが在位し、399 年から仁徳の崩年干支
の 427 年までは仁徳が在位したと考え、仁徳の在位年数を 29
年としました。そしてこの古事記の在位年数 29 年は日本書紀
の在位年数 87 年の丁度三分の一であることから、仁徳の在位
年数も三倍されていると考えたのです。そして允恭と仁徳の在
位年数が三倍されていることから、日本書紀では他の古代天皇
の在位年数も三倍されているのではないか、と推定したのです。
これは「三倍造作説」に相当すると思われます。

　さて、私は「三倍暦説」をとりたいと思います。その第一の
理由は図表 2 − 1 にみるように、古事記の段階ですでに天皇は
長寿とされているからです。古事記は日本書紀（720 年成立）
に先立って 712 年に作られました。古事記には年代がなく、日
本書紀のような編年体の考え方はありません。すなわち古事記
には那珂通世博士の言うような「讖緯説」の思想——すなわち
「1260 年毎に革命が起きる。それゆえ、神武天皇の即位は
BC660 年でなければならない。」といった考えはないのです。

図表2−1　古代天皇の崩御年齢と在位年数

	古事記の崩御年齢	日本書紀の崩御年齢	日本書紀の在位年数
01.　神武	137	127	76
02.　綏靖	45	84	33
03.　安寧	49	57	38
04.　懿徳	45	77	34
05.　孝昭	93	113	83
06.　孝安	123	137	102
07.　孝霊	106	128	76
08.　孝元	57	116	57
09.　開花	63	111	60
10.　崇神	168	120	68
11.　垂仁	153	140	99
12.　景行	137	106	60
13.　成務	95	107	60
14.　仲哀	52	52	9
神功	100	100	69
15.　応神	130	110	41
16.　仁徳	83		87
17.　履中	64	70	6
18.　反正	60		5
19.　允恭	78		42
平均値	91.5	103.4	55.3

したがって天皇の在位年数を引き延ばす必要はなく、天皇の年齢を延長しなければならないような動機もないはずです。ところが、それにもかかわらず天皇の年齢は日本書紀と同じぐらい長寿なのです。このことは古代天皇が長寿なのは日本書紀編纂の段階で讖緯説によって年代が延長されたためではなく、それ以前から天皇は長寿とされていたことを物語っているのです。

すなわち古代においては年齢の数え方が現代とは異なっていたのではないでしょうか？

　第二の理由は、日本書紀において年代の延長が認められない安康紀以降においても天皇の年齢の延長がみられることです。たとえば第五章第4節「雄略天皇の年齢の謎」に記すように、雄略天皇の崩御時の実年齢は40歳前後と考えられますが、古事記には124歳と記されています。これは40歳ぐらいを約3倍の124歳と数えた資料があったことをうかがわせます。また、武烈天皇の崩御年齢は第五章第6節「清寧から武烈までの年齢の謎」に記すように19歳以下と考えられますが、帝王編年記（14世紀に僧永祐によって編集された歴史書）には57歳と3倍以上に記されています。さらに継体天皇の年齢については第五章第7節「継体天皇の年齢の謎」に示すように、その即位年齢を日本書紀は57歳としていますが、古事記の崩御年齢からは即位年齢は19歳となり、丁度3倍になっているのです。このように年代が延長されていない安康紀以降においても天皇の年齢を実年齢の約3倍とする複数の記録があったことは、古代天皇の年齢の長寿が年代の恣意的な延長の結果生じたものではなく、古代においては年齢の数え方が異なっていたからではないかと考えられるのです。

　そして第三の理由は、百済記の新羅攻略から允恭没年までの84年間が日本書紀では3倍の252年間になっているにもかかわらず、「百済の五王の没年」の30年間の記録が日本書紀でも30年のままであるということです。もしも日本書紀が本当の

年代を3倍に引き延ばしたものならば、「百済の五王の没年」も3倍に引き延ばされているはずです。すなわち図表2－2に示すように百済記の375年から405年までの30年間の記事は、

図表2－2 三倍造作説

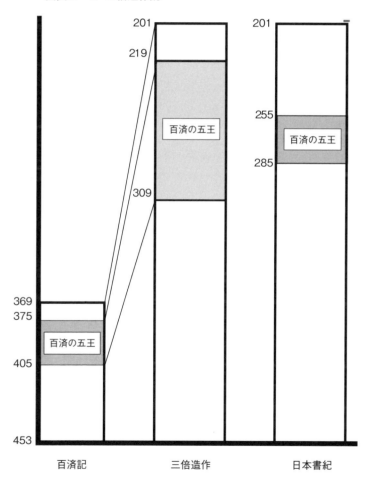

三倍造作では 219 年から 309 年までの 90 年間に引き延ばされているはずなのです。ところが実際の日本書紀では 255 年から 285 年までの 30 年間のままなのです。これは日本書紀が本当の年代を単純に 3 倍したものではないことを表しているのです（後述するように三倍暦説ではこれをうまく説明することができるのです）。

　以上より、年代や年齢が三倍に延長されている原因は、年代を故意に三倍に延長したためではなく、日本の古代においては年の数え方が現代とは異なり、「三倍暦」が使われていたからであると考えます。そこで以後は「三倍暦説」に立って検討を進めていくことにしたいと思います。

第 2 節　「三倍暦説」の検証

　「三倍暦説」が成立するかどうかを外国文献や考古学的知見をもとに検証してみたいと思います。

　神功皇后以降の年代に関しては外国文献との照合が可能なことから、かなり詳細な検証が可能ですが、それ以前の時代、すなわち第 1 代神武天皇から第 14 代仲哀天皇までの時代に関しては照合できる外国文献に乏しいため、文献学的な検証が困難です。したがって神功以前の年代の検証は考古学的知見によっておこなうことになります。そこで『纒向遺跡』と『大阪平野の発達史』の年代を参考に、神武、孝元、崇神、成務の各天皇

の即位年を検証してみたいと思います。

1.　神武天皇即位年の検証

　最近注目を集めている長浜浩明氏の著『国民のための日本建国史』(＊15) によれば、『大阪平野の発達史』から推定される神武東征の年代は「河内潟の時代」であり、「河内湖の時代」ではあり得ないとのことです。長浜氏は次のように述べています。

　「ここに至り、日本書紀の記述が生きいきとよみがえってきたのです。永久にわからないと思っていた次なる描写は『河内潟1の時代』の地形に則って描かれていたのです。

　『まさに難波碕に着こうとするとき、速い潮流があって大変速く着いた。』

　『川をさかのぼって、河内国草香村（日下村）の青雲の白肩津に着いた。』

　そうか、生國魂神社の社伝通り、神武天皇はこの時代に船でやって来たのだ。上げ潮に乗り河内潟内部に漕ぎ進み、干潮時に川を遡上し日下に着いたのだ、と確信したのです。」

　この日本書紀の描写から、長浜氏は、湾口が閉ざされて湖となった「河内湖1の時代」すなわち西暦150年以降には神武の東征はあり得ず、それ以前の河内潟の時代におこなわれたとしています。確かに湾口が閉ざされていた河内湖の時代には瀬戸内海から河内湖への潮流はあり得ませんし、舟で河内湖に入ることもできなかったはずですから、神武の東征は河内潟の時代（西暦150年以前）におこなわれたものと考えるのが妥当でしょ

う。長浜氏は二倍暦説に立って神武の即位年を紀元前70年とし
ていますが、三倍暦の年表（図表2-3）によると神武の即位年
は西暦83年となり、この年代は「西暦150年以前」という長浜
氏の神武東征の年代の条件をクリアしていると考えます。

図表2-3　古代天皇の即位年代（三倍暦による）

代位	天皇名	即位年 （書紀）	即位年 （三倍暦）	備考
1	神武	-660	83	河内潟：AD150年以前
2	綏靖	-584	108	
3	安寧	-548	120	
4	懿徳	-510	133	
5	孝昭	-476	144	
6	孝安	-392	172	
7	孝霊	-290	206	
8	孝元	-214	231	卑弥呼の朝貢：AD239年
9	開化	-157	250	箸墓築造：AD240～260年
10	崇神	-97	270	纒向遺跡拡大：AD250年以後
11	垂仁	-29	293	
12	景行	71	316	
13	成務	131	346	纒向遺跡消滅：AD350年ころ
14	仲哀	192	366	
	神功	201	369	七支刀製作年：AD369年
15	応神	270	392	辰斯王殺害事件：AD392年
16	仁徳	213	407	高句麗に大敗：AD407年
17	履中	400	436	
18	反正	406	438	倭王珍の朝貢：AD438年
19	允恭	412	440	倭王済の朝貢：AD443年
20	安康	454	454	元嘉暦の開始：AD454年

書紀年代正数時（実年代）＝｛（書紀年代）＋906｝／3　（切り上げ）
書紀年代負数時（実年代）＝｛（書紀年代）＋909｝／3　（切り捨て）

2. 孝元天皇崩御年の検証

　孝元天皇の崩御年は三倍暦の年表では西暦 249 年となります。ところで箸墓に葬られたとされるヤマトトトヒモモソヒメは孝元天皇の姉で、箸墓は西暦 250 年 ± 10 年頃に造られたとされていますから、ヤマトトトヒモモソヒメの亡くなった年代（250 ± 10 年）とその弟の孝元天皇の崩御年代（249 年）とがほぼ一致していることになります。したがって三倍暦による孝元天皇の崩御年はおおむね妥当であると考えます。

3. 崇神天皇即位年の検証

　崇神天皇の即位年は三倍暦の年表では西暦 270 年となります。これは考古学的知見と整合しているでしょうか？

　橋本輝彦著『邪馬台国からヤマト王権へ』（＊16）によれば、二世紀末頃に出現した纒向遺跡は、三世紀の中頃を過ぎると大きく拡大したとのことです。そしてこの頃に箸墓古墳が築かれており、纒向遺跡にとって非常に大きな画期であったとしています。おそらくそれは日本書紀にいうところの纒向三代の始まりで、崇神天皇が初めて纒向に都を造り、その後、垂仁、景行と三代にわたって都を置いたことに対応していると考えてよいのではないでしょうか。

　三倍暦の年表（図表 2－3）による崇神天皇の即位年（270 年）は、まさに三世紀の半ば過ぎに纒向遺跡が大きく拡大したという時期に一致していて、考古学的な研究成果とよく整合していると思います。

4. 成務天皇即位年の検証

　若井敏明氏はその著『邪馬台国の滅亡』(＊13) の中で、「成務の王宮については『日本書紀』は記さないが、『古事記』は『近つ淡海の志賀の高穴穂宮』と明記している。景行は近江の高穴穂の宮で亡くなったというので、晩年の景行は纏向から近江に王宮を移していたらしい。成務もひきつづいてその王宮に居住したのである。（中略）ちなみに纏向から近江への王宮の移動は、纏向遺跡が突然消滅するという考古学者の指摘とも符合するのである。」と書いています。すなわち、景行が晩年に王宮を纏向から近江に移し、成務もひきつづいて近江に居住したことが纏向遺跡の消滅の原因だというのです。

　纏向遺跡の消滅の時期については、考古学者の石野博信氏がその著『邪馬台国の候補地・纏向遺跡』(＊17) の中で、纏向遺跡は 180 年から 350 年にかけて突然あらわれ、そして突然に消滅した、と述べています。すなわち、纏向の消滅は 350 年頃ということになりますが、景行天皇が高穴穂宮に移ったのが景行 58 年で「日本書紀の年代の換算式」では西暦 345 年ですから、この年代は考古学的な研究成果とよく一致していると思います。

5. 神功皇后以降の年代の検証

　次に、神功皇后以降の年代について検証してみたいと思います。神功皇后以降の年代に関しては、外国文献との照合が可能です。とくに倭の五王の朝貢年代によって詳しく検証することができるのです。倭の五王は現在ではおおよそ確定されており、

讃＝仁徳、珍＝履中（反正）、済＝允恭、興＝安康、武＝雄略がほぼ定説となっています。そこで、三倍暦で換算された上記の天皇の在位期間が、外国文献（もしくは金石文）の年代と一致するかどうかを確かめてみたいと思います。外国文献（もしくは金石文）に記された次の 12 項目が、三倍暦で換算した古代天皇の在位期間とうまく整合しているでしょうか。

①七支刀製作年（西暦 369 年）が神功皇后の摂政就任直後であること。

②辰斯王（しんしおう）の没年（西暦 392 年）が応神天皇の即位直後であること。

③阿花王（あかおう）の没年（西暦 405 年）が応神天皇の在位期間であること。

④倭王讃の遣使（西暦 413 年）が仁徳天皇の在位期間であること。

⑤倭王讃の遣使（西暦 421 年）が仁徳天皇の在位期間であること。

⑥倭王讃の遣使（西暦 425 年）が仁徳天皇の在位期間であること。

⑦倭王珍の遣使（西暦 438 年）が履中天皇の即位直後であること。

⑧倭王済の遣使（西暦 443 年）が允恭天皇の即位直後であること。

⑨倭王済の遣使（西暦 451 年）が允恭天皇の在位期間である

こと。

⑩倭王興の遣使（西暦462年）が安康天皇の即位直後である
こと。

⑪武寧王（ぶねいおう）の誕生（西暦462年）が雄略天皇の在位期間である
こと。

⑫倭王武の遣使（西暦478年）が雄略天皇の在位期間である
こと。

　図表2－4は検証12項目と換算式による年表との整合性を
みたものです。

　まず、①の七支刀ですが、これは神功皇后の新羅攻略（いわ
ゆる三韓征伐）に対する百済のお礼であると考えます。新羅攻
略は神功皇后が仲哀天皇の喪を伏して行った、のるかそるかの
大遠征で、仲哀の没直後に行われたものです。三倍暦では神功
の摂政開始年は369年になりますから、この七支刀の製作年代
（369年）とピッタリ一致していることがわかります。

　次に②の辰斯王が殺害された事件ですが、日本書紀によれば
応神天皇が即位してまもなく、百済に紀角宿禰（きのつのすくね）らを派遣して辰
斯王を問責したことが原因ですから、応神天皇の即位直後に位
置するものです。三倍暦では応神の即位年は392年で辰斯王の
没年に一致しており、よく整合しています。

　次に③の阿花王の没年ですが、阿花王が亡くなった時、応神
天皇は阿花王の息子で日本に人質となっていた直支王に対して
「汝、国に帰って王位を継げ。」と言っていますから応神の在位

図表2-4 古代天皇の在位年代（三倍暦）の検証

外国資料			日本書紀（三倍暦）		
西暦	（金石文）		在位年代	西暦	紀年
369	①七支刀製作（神功）	→	神功	369	201
392	②辰斯王没（応神）	→	応神	392	270
405	③阿花王没（応神）	→		406	310
				407	313
413	④讃の朝貢（仁徳）	→	仁徳		
421	⑤讃の朝貢（仁徳）	→			
425	⑥讃の朝貢（仁徳）	→			
			履中	436	400
438	⑦珍の朝貢（履中）	→		438	406
443	⑧済の朝貢（允恭）	→	反正 允恭	440	412
451	⑨済の朝貢（允恭）	→			
			安康	454	454
462	⑩興の朝貢（安康）	→	雄略	457	457
	⑪武寧王誕生（雄略）	→			
478	⑫武の朝貢（雄略）	→			
				480	480

期間に位置することになります。応神の没年は三倍暦では406年ですから阿花王没年（405年）は応神の在位期間となり、よく整合しています。

　次に④の倭王讃の遣使ですが、これは朝貢した時の貢上品が高句麗の名産であることから、仁徳が好太王の葬儀におくった使者が高句麗の使者に伴われて東晋に朝貢したものである、という説があります（高城修三『日出づる国の古代史』＊8）。その根拠は、日本書紀の仁徳12年に高句麗から日本に鉄の的、鉄の盾が献上されたという記事があり、石上神宮にはその鉄の盾が伝えられていることから、日本と高句麗がこの時期、非常に友好的な関係にあったからだというのです。それは高句麗の好太王が412年に39歳の若さで突然亡くなり、次の長寿王がまだ若かったことと、西側の後燕の攻勢によって高句麗が両面作戦を強いられていたことから、一時的に南下政策を中止して日本に和平を持ちかけてきたのだ、というのです。そうであれば、高句麗が長寿王の即位式に参列した日本の使者を連れて東晋に朝貢したという可能性も十分あり得ると思われます。また、梁書には「晋の安帝（397〜418）の時、倭王讃あり。」と記されていて、413年の倭の朝貢が讃（仁徳）によることを示唆しています。三倍暦によると仁徳の即位は407年で、鉄盾・鉄的の献上が410年ですから、413年の倭王讃の遣使は倭国が高句麗に伴われてのものとしてよく整合しています。

　次に⑤、⑥の倭王讃の遣使ですが、これらも三倍暦の仁徳の在位期間に合致しています。421年の遣使は宋の武帝の即位

（420年）に対するもので、425年の遣使は宋の文帝の即位（424年）に対するものです。日本書紀には中国への朝貢記事は基本的には全く記されていませんが、仁徳58年の条に「冬十月に呉国、高麗国、並びに朝貢す。」とあり、仁徳58年が換算式で西暦426年に相当するところから、この記事は425年の文帝即位の時の朝貢に対する宋の答礼の使者が高句麗の使者を案内人として日本を訪れたものと思われます。この記事に関して『日本書紀』（岩波文庫）の注記には「このことも、もちろん確かな記録に拠った記事ではなく、疑わしい」とありますが、三倍暦で換算することによって初めて年代的に意味のあるものとなるのです。

　次に⑦の倭王珍の遣使ですが、これは反正天皇の即位と同時になされたと考えることもできますが、421年や425年の遣使をみても、遣使には1年以上の期間を要したと考えられるため、履中天皇が即位2年目に遣使し、翌年（反正の即位年）に叙任を受けたと解するのが自然であると思います。

　次に⑧，⑨の倭王済ですが、済が允恭であることにほとんど異論はないようです。倭王済は443年と451年の二回にわたって遣使していますが、允恭の即位年（紀年で412年）を三倍暦で換算すると440年となり、即位4年目の443年に一回目の遣使、12年目の451年に二回目の遣使をおこなったことになり、両方とも允恭の在位期間にぴったり収まっています。

　次に⑪の武寧王の誕生年ですが、1971年に韓国で武寧王の墓が見つかり、その墓誌から武寧王の誕生年が西暦462年であ

ることがわかりました。日本書紀では武寧王の誕生年は雄略5
年（西暦461年）で、墓誌とは1年の違いがありますが武寧王
の年齢を数え年で数えたか、もしくは461年に加唐島で生まれ
た武寧王が冬を島で過ごし、翌年に百済に帰ったため誕生年が
462年とされた、と考えれば辻褄が合います。

　次に⑫の武の朝貢ですが、これは宋書に有名な武の上表文と
して残っており、また、日本書紀にも雄略紀に「身狭村主青ら
を呉へ遣わす」と記されていることから、雄略の遣使に間違い
ないと思われます。この武の朝貢も雄略の在位年間に合致して
います。

　このように、三倍暦で換算された年表は、外国資料や金石文
からなる12項目中11項目の検証をクリアしており、このこと
は神功皇后から允恭天皇までの日本書紀の年代が三倍暦で記さ
れている可能性を強く示唆しています。この年表の特徴は、紀
年を換算式に従って機械的に換算しただけで、全く修正してい
ない点です。すなわち、日本書紀の紀年に全く手を加えずに作
成しているのです。その点において「三倍暦説」は成立の可能
性が高いと言えるのではないでしょうか。

　ただし、ここにひとつだけ問題が残ります。それは⑩の「倭
王世子興」の遣使です。「倭王世子興」は通説では安康天皇と
考えられていますが、三倍暦の年表では興の朝貢の462年は雄
略の在位年間となり、この年には安康はすでに亡くなっている
はずですから、「倭王世子興」は安康ではないということにな
るからです。それでは462年の遣使はいったい誰が行ったので

しょうか？　これに関しては非常に大きな問題が含まれている
ため、第五章第3節「倭王世子興の正体」で詳細に検討したい
と思います。

第三章　三倍暦で解く日本書紀の謎

　この章では三倍暦を用いて日本書紀の謎に挑戦したいと思います。

　日本書紀には今まで誰も解くことができなかった多くの謎があります。特に年代や年齢に関するものが多く、歴史学者の中にはこれらを日本書紀の記事が出鱈目であることの証拠であるとする方もいるようです。

　しかしながら、私は年代や年齢に関する謎の多くは三倍暦で解決できるのではないかと考えています。その典型的な例が「武内宿禰の長寿」でしょう。5人の天皇に仕え、300歳近くまで生きたとされる武内宿禰の存在は日本書紀が虚構であることの象徴のようにみなされてきましたが、三倍暦を用いれば長寿の謎が解け、実在した人物であることがわかるのです。

　そして日本書紀最大の謎と思われる「百済の五王の没年の謎」に挑戦します。「百済の五王の没年」は外国資料と日本書紀との間に正確に120年のずれのあることが判明していますが、なぜ正確に120年ずれているのかを明確に説明した人はまだひとりもいません。歴史学者は日本書紀の編纂者が神功を卑弥呼に比定するために意図的に120年ずらしたと考えていますが、

神功を卑弥呼に比定すれば神功が中国に朝貢したことになってしまい、「日本は中国と対等の国家である」とする日本書紀の精神に反することになってしまうのではないでしょうか。それでは何のために苦労して日本書紀を編纂したのかわけがわかりません。私はこの「百済の五王の没年の謎」を解くことこそが日本書紀の謎を解き明かすための最も重要なカギであると考えています。

　もしも日本書紀の謎の多くを三倍暦で合理的に説明することができるならば、それは「三倍暦説」が正しいことの証明に繋がるのではないでしょうか。

第1節　「かまどの煙」

　仁徳天皇の仁政を語る逸話として有名なのが「かまどの煙」の話です。仁徳天皇は在位4年目に初めて国見をおこなった際、民のかまどから煙が立たないのを見て民の困窮を知り、課役を3年間免除する決意をしました。そして3年後、再び国見をおこない、課役の免除をさらに3年間延長します。そして6年後に民家のかまどから煙が勢いよく立ち上っているのを見て、ようやく課役を再開したというのです。これは天皇の治政を美化する典型的な作り話であるとされています。しかし、本当にそうなのでしょうか？　仁徳の治世を美化するにしてはあまり外聞の良くない事柄も数多く記されているからです。たとえば父

親の応神の妃になる予定だった髪長姫（かみながひめ）を迎えに行って自分のものにしてしまい、武内宿禰にとりなしてもらった話（古事記）や、皇后の留守中に八田皇女を宮中に引き込んで皇后の怒りを買い、別居されてしまった話など、理想の帝王像からは程遠い話も記され、仁徳を顕彰しているというよりもむしろ、ありのまま事実に基づいて記されているのではないかと思われるのです。

　しかし、事実に基づいているとはいえ、この逸話には少なくともふたつの謎が隠されています。ひとつは即位して3年後に一回目の国見をし、その3年後に二回目、さらにその3年後に三回目、というように、3年毎に国見をしていることです。しかも課税の免除も3年間ずつ二回おこなっているのです。課税はふつう1年毎におこなうものでしょうから、課税も国見も3年毎におこなわれているのは三倍暦が使われていたためではないでしょうか？

　そこで仁徳の年表を三倍暦にしてみると図表3－1のようになります。すなわち、仁徳は治政4年目（実は2年目〔408年〕）の最初の国見で民の困窮を知って3年間（実は1年間）の課役の免除を決定し、治政7年目（実は3年目〔409年〕）の二回目の国見でもう3年間（実は1年間）の課役の免除を決め、治政10年目（実は4年目〔410年〕）の三回目の国見で課役を全面的に再開したことになり、実年では2年間の免除となり、これならば現実的なのではないでしょうか。おそらく即位の年は皇太子のウジノワキイラツコの自殺によって慌ただしく

図表 3 − 1　仁徳天皇の国見

実年	紀年	できごと
西暦 406 年	応神 41 年 空位　1 年 　　　2 年	応神崩御
西暦 407 年	仁徳 01 年 02 年 03 年	仁徳即位
西暦 408 年	仁徳 04 年 05 年 06 年	国見（1 回目）
西暦 409 年	仁徳 07 年 08 年 09 年	国見（2 回目）
西暦 410 年	仁徳 10 年 11 年 12 年	国見（3 回目）

即位したため国見をしている余裕がなかったのでしょう。そこで即位 2 年目に初めて国見をしたところ、あまりの民の困窮ぶりに驚いて課役の免除を決意したのです。ところが翌年の国見でも民のくらしの回復は不十分であったため課役の免除を 1 年延長し、三回目の国見でようやく課役を再開したというのが真相なのだと思います。すなわち 3 年毎の国見は 3 倍暦のためだったのです。

　ふたつめの謎は、仁徳天皇は即位早々なぜ課税の免除をしなければならなかったのかということです。崇神天皇の時のような疫病や天災があったとは書かれていません。どうして民のか

まどから煙が立っていなかったのでしょうか。それは高城修三氏の説のように、407年の高句麗との戦いで大敗したことが原因であろうと思われます。しかしながら書紀の編纂者は日本の大敗を正直に書くことができなかったのでしょう。自国に都合の悪い記事、特に外国との戦いに敗れたことについては伏せざるを得なかったのだろうと思います。その結果、仁徳の課役の免除の理由がわからなくなり、「かまどの煙」は仁徳天皇を顕彰するための作り話とされてしまったのではないでしょうか。

このように、日本書紀にはところどころに「削除」のあとがみられます。特に高句麗との戦いについては全く記されていません。これは「好太王碑文」にあるように、倭国が高句麗との戦いで常に劣勢であったためと思われます。騎馬戦を得意とする高句麗に対し、乗馬の習慣のなかった倭国は常に苦戦を強いられていたのでしょう。その手痛い教訓から応神天皇は積極的に騎馬軍団の導入に努めたのであろうと思われます。それが後年、八幡大神として源氏をはじめとする武士たちから崇敬を集める原因となったのではないでしょうか。

また、日本書紀には中国への朝貢の記事もほとんどみられません。これも後の対等外交の立場から「削除」したものと思われます。おそらく編纂の最終段階で削除されてしまったのでしょう。そのために「倭の五王」が誰なのか、いまだにはっきりしない状態が続いているのです。けれども、「削除」は「造作」ではありません。日本書紀の記述はけっして根も葉もない作り話ではなく、削除された部分はあるにせよ、ほとんどの記

事はあくまでも史実に基づいたものであると考えます。

第2節　武内宿禰の長寿

　武内宿禰は「古代史上最も怪しい謎の存在」（藤井耕一郎氏
『武内宿禰の正体』＊18）と言われています。その理由は、武
内宿禰が日本書紀において、「五人の天皇に仕え、300歳近く
まで生きた。」とされているからです。さすがにこれをまとも
に信じる人はいないでしょう。実際、多くの研究者はこれを伝
説ととらえていて、武内宿禰を実在の人物とみなす人はほとん
どいません。

　しかしながら武内宿禰が化け物のような存在であるかという
とけっしてそうではなく、彼の事績をみればすべてが現実的な
ことばかりなのです。すなわち、武内宿禰が古代史上最も怪し
い存在とされるのは300歳という、その桁外れの長寿に原因が
あると思われます。もし、これを合理的に説明することができ
れば、謎は一挙に解決するのではないでしょうか。

　歴史学者の若井敏明氏はその著『邪馬台国の滅亡』（＊13）の
中で次のように述べています。

　「（武内宿禰は）成務から仁徳までの4代に仕えたとされる人
物で、その実在が疑問視されているのは周知のことであろう。
しかし、わたしはかならずしもそうとはいえないと思う。（武
内宿禰と同じ日に生まれたとされている）成務の生年はもとよ

りあきらかではないが、仲哀の没年が366年ごろとすれば、仲哀の叔父にあたる成務は4世紀前半に活躍したとみて大過なかろう。武内宿禰が仁徳まで仕えたというのも、仁徳の即位が415年ころとすれば、100歳前後のまれにみる長寿を保ったとしたら、ありえない話ではない。」

　ここで若井氏が仲哀の没年を366年頃とするのは、第一章の「神功皇后摂政開始年」で述べたように百済記の記事からの推定で、その妥当性については第一章で検証済みです。そこで私は「三倍暦」の仮説によって武内宿禰の年齢の推定を試みました。図表3－2は日本書紀に記された武内宿禰の記事を年表にし、その年代を三倍暦で換算したものです。ただしこの年表で「書紀年齢」というのは、天皇の「治世年代」から計算したもので、日本書紀に宿禰の年齢が記されているわけではありません。宿禰の年齢については書紀にはひと言も記されていないため、すべて「治世年代」からの推算なのです。

　武内宿禰は景行14年頃に成務天皇と同じ日に生まれたとされています。おそらく成務とは乳兄弟のようにして育ったのでしょう。

　13歳のときに成務とともに宴会の警護をしているところを景行天皇に見咎められ、「お前たち、いったいそこでなにをしているのだ？」と聞かれたふたりは、「このようなときに敵に攻め入られては一大事なので、ふたりで警護していました。」と答え、「感心な者たちだ。」とほめられたことが記されています。この後すぐに成務は皇太子に任ぜられました。

16歳の時、成務が皇位に就くと同時に大臣に抜擢されています。武内宿禰は成務天皇にとって最も信頼できる家臣だったのでしょう。

　仲哀天皇の時、37歳の武内宿禰は、天皇に従って九州の熊襲征伐に出かけますが、仲哀天皇が突然崩御したため、宿禰は

図表3-2　武内宿禰の生涯

西暦	天皇名	治世年代	書紀年齢	実年齢	事　績
326年 331年	景行天皇	景行元年 14年 25年	1歳 11歳	1歳 4歳	① 武内宿禰誕生 東国巡行
		51年 成務元年	37歳	13歳	② 宴会警護
346年 347年	成務天皇	3年	48歳	16歳	③ 大臣就任
366年 369年	仲哀天皇	仲哀元年 神功元年	111歳 120歳	37歳 40歳	熊襲征伐 ④ 三韓征伐
	神功皇后	神功13年	156歳	52歳	⑤ 酒楽の歌
392年	応神天皇	応神元年	189歳 198歳	63歳 66歳	⑥ 探湯事件
407年	仁徳天皇	仁徳元年	231歳		
424年 426年		仁徳50年 仁徳55年	280歳 285歳	93歳 95歳	⑦ 汝は国の長人… ⑧ 武内宿禰没

神功皇后を守り立て、有名な三韓征伐を敢行し、返す刀で大和の忍熊王を倒して政権奪取に成功します。

応神天皇が13歳の時（宿禰：52歳）、太子とともに敦賀の気比神社に参拝し、帰ってから神功皇后と共に「酒楽の歌（サカクラノウタ）」を歌って太子の成人を祝います。この時が武内宿禰の絶頂の時とされています。

宿禰が66歳のとき、弟の甘美内宿禰の讒言により、謀反の疑いで死刑にされかけますが、神の審判である探湯に勝って無実を証明します。

仁徳天皇の50年、93歳で天皇から、「汝は国の長人、国の遠人、……」と歌われ、その長寿と忠誠を讃えられます。

「水鏡」によれば、285歳（三倍暦では95歳）で亡くなったと伝えられています。

このように、285歳の長寿の間のできごとも、三倍暦に換算すればほとんどすべてが合理的に解釈できることがわかります。唯一、景行25年（11歳）の東国巡行だけは三倍暦では4歳になってしまい説明不能です。この時宿禰は東国を視察し、帰ってから「討ちてしとるべし。」と言ったと伝えられています。これは一倍暦の11歳でも考えにくいことですから、おそらくは干支一巡の間違いで、ほんとうは60干支後（三倍暦では20年後）の24歳の時のできごとだったのではないでしょうか。

さて、このように武内宿禰の285歳の生涯の事績は三倍暦に換算すればほとんどすべて解釈可能なのですが、二倍暦では285歳の寿命は143歳となり、とうてい説明が不可能です。こ

のことからも二倍暦説よりも三倍暦説成立の可能性が高いといえるのではないでしょうか。また、95歳という年齢はこの時代としては信じがたいと思われるかもしれませんが、同時代の高句麗の長寿王が98歳まで生きたことが長寿王の墓の発掘によって確かめられているので、武内宿禰の95歳は決してありえない数字ではないと考えます。

第3節　直支王の幽霊

　日本書紀には百済の阿花王の子、直支王に関する記事が四か所載っています（図表3 - 3）。それによると直支王は応神8年に人質として来日し、応神16年に百済に帰って即位し、応神25年に没したとされています。ところが応神39年に「直支王が妹の新斉都媛を日本に派遣した。」という記事があるのです。この応神39年の記事は「百済の直支王、その妹、新斉都媛を遣わして仕えまつらしむ。ここに新斉都媛、七の婦女を率いて

図表3 - 3　新斉都媛の来日

日本書紀	金森説		自説	
応神08年　直支王来日	397年　直支王来日		397年　直支王来日	
	398年　新斉都媛来日			
応神16年　直支王即位	405年　直支王即位		405年　直支王即位	
			405年　新斉都媛来日	
応神25年　直支王没	414年　直支王没		420年　直支王没	
応神39年　新斉都媛来日				

来帰。」と書かれています。応神25年に死んだはずの直支王がどうやって応神39年に新斉都媛を派遣できたのでしょうか？これは「直支王の幽霊」と呼ばれ、古代史研究者の間で謎とされているのです。

　この謎に挑んだのが金森信和氏です。金森氏はその著書『よみがえった原日本書紀』（＊19）の中で、「日本書紀は1年を2年として編纂されている」と仮定し（二倍仮説）、それをもとに年表を復元しました。それによると、日本書紀の記事を三国史記と比較した場合、直支王来日、直支王即位、直支王没の年代には問題ありませんが、新斉都媛来日の記事は書紀にしかないため、これは紀年で記されていると考えたのです。そこで新斉都媛来日の書紀年代を二倍仮説で西暦に換算すると、新斉都媛の来日した応神39年は西暦398年にあたるので、直支王が人質として来日した397年の翌年に新斉都媛が来日し、その後、405年に直支王が百済に帰って即位し、414年に亡くなったことになって話の筋が通る、というのです（直支王の死亡はふつう420年ですが、414年というのは金森氏によれば百済新撰からの引用であろうということです。さらに直支王没年が420年としても記事の順序に変更はないとしています）。

　しかし、私はこの説には納得できませんでした。その理由は書紀には「応神39年に百済の直支王、その妹、新斉都媛を遣わして仕えまつらしむ。」と書かれてあるからです。「遣わして」とは文字通り「派遣して」という意味で、「こちらからあちらに行かせる」ということです。金森氏の説では日本にいる

直支王が百済から新斉都媛を呼び寄せたことになってしまい、「遣わして」にならないのです。さらに「百済の直支王」とあり、新斉都媛を派遣したのは直支王が百済の王になってからのことと思われます。日本にいるときは「天皇、直支王を召して語りて曰く、」というように「百済の」をつけていませんし、また、百済で亡くなるときは「応神25年に百済の直支王みまかりぬ。」というように「百済の」をつけていて、明確に使い分けているからです。すなわち新斉都媛が日本に来たのは直支王が百済に帰って即位してからのことであり、405年以降であると考えられるのです。したがって金森氏の二倍仮説による新斉都媛の来日の年代（398年）には問題があると言わざるを得ません。

　それでは「三倍暦」ではどうなるでしょうか。三倍暦の換算式（Y=X÷3＋302）を用いて新斉都媛の来日した年（応神39年）を西暦に換算してみましょう。応神即位年が270年ですから応神39年の紀年（X）はX=270＋39－1＝308で、新斉都媛来日の西暦年代（Y）は、Y=X÷3＋302＝308÷3＋302＝405（切り上げ）で、西暦405年となります。これは丁度、直支王が百済に帰って即位した年に一致するのです。つまり、直支王は百済に帰って即位するのと同時に新斉都媛を日本に派遣したのです。なんのためでしょうか？　もちろん人質としてです。自分の身代わりとして妹を人質に差し出す必要があったのです。この直支王の即位と新斉都媛の来日が同じ年であるということは人質の交代を意味しており、このことは三倍

暦の正しさを表しているのではないでしょうか。

　さらに「直支王の幽霊」にはもうひとつの大きな謎があります。それは「なぜ日本書紀の編纂者は直支王の没年を応神天皇の時代に持ってきてしまったのか？」ということです。直支王は仁徳天皇の時代に亡くなっているのですから、仁徳の時代に書き込めばよかったのです。どうして応神の時代に入れてしまったのでしょうか？

　その理由は日本書紀の応神紀の年代の干支を調べたときに判明しました。図表3－4の百済記と書紀の干支を見比べてみてください。両者の記事の干支がぴったりと一致していることがわかると思います。つまり、はじめ書紀には直支王の記事は記されておらず、新斉都媛の記事のみが記されていたのでしょう。そこに編纂者が百済記から直支王の記事を転記する際、百済記の干支と書紀の干支を一致させて書き込んだのです。ところが百済記の干支が一倍暦だったのに対し、書紀の干支は三倍暦だったため、結果として間違った年代に書き込むことになってしまったのです。直支王死亡の記事が新斉都媛来日の記事より前にきてしまったのはそのためだったのです。

　このことは実は金森氏も指摘されていることなのですが、氏の二倍仮説では新斉都媛の来日が398年になってしまうために矛盾をきたしてしまいます。しかし三倍暦では新斉都媛の来日が直支王の即位年とぴったり一致するので、人質の交代として話の筋が通るのです。すなわち編纂者が三倍暦の存在を知らなかったために百済記の一倍暦の干支と日本書紀の三倍暦の干支

を同じ年と勘違いし、百済記の記事を日本書紀に干支を揃えて書き込んでしまったことにより生じた転記ミスなのです。私はこれを「干支の混同による転記ミス」と名づけました。もしか

図表3-4 直支王の幽霊

西暦	百済記（一倍暦） 記事	干支		日本書紀（三倍暦） 干支	書紀年	記事
392				庚寅	01	応神即位年
393					02 03 04	
394					05 06 07	
395				丁酉	08 09 10	直支王来日
396					11 12 13	
397	直支王渡日	丁酉		乙巳	14 15 **16**	直支王即位
398					17 18 19	
399					20 21 22	
400				甲寅	23 24 **25**	直支王没
401					26 27 28	
402					29 30 31	
403					32 33 34	
404					35 36 37	
405	直支王即位	乙巳			38 39 40	新斉都媛来日
406					41 空位 空位	
407					01	仁徳即位年
408						
409						
410						
411						
412						
413						
414	直支王没	甲寅				
415						

したらこの転記ミスは直支王の記事だけではなく、ほかの記事でも起こっていることなのではないでしょうか？　そしてこの転記ミスこそが日本書紀の年代錯誤の大きな原因となっているのではないでしょうか？

第4節　神功皇后空白の40年

　神功皇后の時代にも「直支王の幽霊」と同様の年代錯誤が認められます。それが「神功皇后空白の40年」と呼ばれているものの正体であると思います。神功皇后の治世は日本書紀によれば69年間ですが、そのうち神功6年から神功45年までの40年間は半島関連の記事が全くみられません。神功皇后はその治世一年目に三韓征伐を敢行し新羅を攻略、新羅王に「毎年、春秋に必ず朝貢いたします。」と誓わせたはずなのに、40年間にわたって半島との交渉の記録が全くみられないというのはどうしたわけでしょうか。しかも、三韓征伐から40年後に百済から日本に使者が来たとき、「日本への道がわからないので、卓淳国王に相談した。」という、まるで初めて使節を送ってきたかのような記述があるのも解せないところです。神功皇后の三韓征伐を詳しく研究している大平裕氏も『日本古代史 正解』(＊20) の中で、「日本書紀の神功皇后紀には問題があります。（西暦）366年のあたりに40年の空白のあることです。」と指摘しています。

そしてさらに不可解なのは、神功46年から神功56年までの記事です。46年、47年、49年、50年、51年、52年、55年、56年とそれまでの空白がうそのように切れ目なく記事が記載されていて、しかもそのすべてが百済関連の記事であり、倭国と百済が強固な同盟を結んだ経緯を詳細に物語っているのです。この百済との同盟と三韓征伐との間に40年もの空白があるのはなぜなのでしょうか？

　これについては第一章第5節で述べたように、歴史学者の若井敏明氏が大変興味深い説を提唱しています。「それ（日本書紀）によれば、神功46年（366年）に加羅の卓淳国に使者をつかわし、そこから百済に赴いたが、翌367年に百済の使いが新羅の使いとともに来日して朝貢したとみえ、さらに369年に朝鮮に出兵して新羅を破ったと記す。ここでわたしが問題とするのは、367年に百済と新羅が朝貢してきた時点で、皇太后（神功）と太子（のちの応神）が『先王の所望したまひし国人、今来朝り。痛ましき哉、天皇に逮ばざることを。』と述べたと記されていることである。これは、366年の朝鮮への使者の派遣が、神功の末年ではなく、じつは先王つまり仲哀の晩年におこなわれ、その成果をまたずに仲哀が崩御したことを示している。わたしはそこから、『記紀』がともに記す荒唐無稽な神功の朝鮮出兵の物語が、じつはこの朝鮮南部への出兵の説話化されたものだと推測するのだが、このように考えれば、仲哀の没年は366、7年ということになる。」と述べているのです。すなわち、神功49年の朝鮮出兵が実は三韓征伐で369年のことだ、

というのです。それではどうして神功元年に起こったはずの三韓征伐の記事が神功49年に書き込まれることになってしまったのでしょうか？

　古事記をみてみると三韓征伐は日本書紀とそっくりですが、神功46年以降の新羅攻略や七支刀のことなどは全く書かれていません。このことから神功46年以降の日本書紀の記事は百済記からの転記であろうと推測されるのです。そこで神功46年以降の日本書紀の記事を百済記からの転記として、それをもとに百済記を復元すると、復元された百済記の年代は図表3－5のようになります。そして日本書紀の年代を三倍暦に換算して百済記と比較してみると、百済記の記事が書紀では神功の晩年の方へシフトして書き込まれていることがわかります。そこで日本書紀の年代の干支を調べてみたところ、百済記と書紀の干支がピッタリ一致していることがわかったのです。これは「直支王の幽霊」のときと同様に百済記の記事を日本書紀へ転記する際に、両者の干支を一致させて書き込んだ結果、百済記が一倍暦なのに対して書紀が三倍暦であったため、「干支の混同による転記ミス」によって書き込む年代がずれてしまったことを示しているのではないでしょうか。そしてその結果、366年から392年までの百済記の記事は、新羅攻略（神功皇后の三韓征伐）から辰斯王殺害事件までのすべてが日本書紀の神功46年から応神3年までに圧縮して書き込まれ、そのため神功6年から神功45年までの40年間が空白となり、「神功皇后空白の40年」が生じる結果となったと考えられるのです。

図表3−5 「神功皇后空白の40年」

西暦	復元された百済記 (一倍暦)		書紀年代 (三倍暦)	書紀記事
364				
365				
366	斯麻宿禰派遣 **丙寅**		仲哀元年	仲哀即位
367			2年	熊襲背く
368				仲哀没
369	新羅攻略 **己巳**		神功元年	神功三韓征伐
370			3年	応神立太子
371			5年	新羅朝貢
372	七支刀献上。 **壬申**			
373				
374				
375	百済肖古王没 **乙亥**			
376	百済貴須王即 **丙子**			
377				空白の40年
378				
379				
380				
381				
382	葛城襲津彦派遣 **壬午**			
383			神功	
384	百済貴須王没 **甲申**		甲子 乙丑 **丙寅** 46	斯麻宿禰派遣
385	百済枕流王没 **乙酉**		丁卯 戊辰 **己巳** 49	新羅攻略
386			庚午 辛未 **壬申** 52	七支刀献上
387			癸酉 甲戌 **乙亥** 55	百済肖古王没
388			**丙子** 丁丑 戊寅 56	百済貴須王即
389			己卯 庚辰 辛巳	
390			**壬午** 癸未 **甲申** 64	貴須王没
391			**乙酉** 丙戌 丁亥 65	枕流王没
392	百済辰斯王没 **壬辰**		戊子 己丑 庚寅 元年	応神即位
393			辛卯 **壬辰** 癸巳 03	辰斯王没

このように、「神功皇后空白の40年」も「直支王の幽霊」の時と同様に、「三倍暦」と「干支の混同による転記ミス」によって説明のつくことであり、けっして日本書紀編纂者の作為などではなく、むしろ編纂者も三倍暦に気づいていなかったからこそ生じた錯誤なのだと思います。私はこのことに気づいたとき、もしかしたら日本書紀の年代錯誤の多くは「三倍暦」の書紀の年表に「一倍暦」の百済記の記事を干支をそろえて書き込んだためなのではないかと考えました。そのために図表3－5のように記事の年代に錯誤が生じてしまったのではないでしょうか。そしてそのことこそが日本書紀最大の謎とされる「百済の五王の没年の謎」の原因にもなっているのではないでしょうか。

第5節　日本書紀最大の謎

　日本書紀にはたくさんの謎がありますが、中でも最大の謎は「百済の五王の没年が、外国の記録と日本書紀とで正確に120年のずれがある」ことだと思います。私はこれを「百済の五王の没年の謎」と呼んでいますが、このことを最初に指摘したのは本居宣長です。それに着目した明治の歴史学者の那珂通世博士が、百済の五王の没年の記事は百済記からの転記であり、120年ずらせば正しい年代が求められるとし、その没年の中にある応神天皇の即位年（紀年270年）も120年ずらせば本当の

年代が得られると考え、応神の即位年は西暦390年である、としたのでした。このことは日本書紀を「机上の創作」とする直木孝次郎氏も認めていて、その著『日本古代史と応神天皇』（＊12）の中で「応神の即位の年は390年と推定できる。」と述べています。しかしながら那珂博士も直木氏も、なぜ日本書紀において百済の五王の没年が120年ずれているのか、その理由を明らかにしてはいません。どうして120年のずれが生じたのでしょうか？

　考えてみるとこれは実に不思議な話です。日本書紀の年代は、允恭以前はほとんどでたらめであるとされているのに、どうして百済の五王の没年だけは5人そろって正確に120年のずれがあるのでしょうか？　これに関して竹田昌暉氏は『一三〇〇年間封印された日本書紀の暗号』（＊22）の中で、「有り体に言えば日本書紀の神功紀こそ、5世紀以前の記述の真相解明のために最初に挑戦しなければならない天王山で、日本書紀最大の難問なのである。」と述べています。そして、「百済の五王の120年のずれは、書紀の編纂者が神功皇后の年代を卑弥呼の年代に合わせるために応神16年（西暦405年）を120年繰り上げて285年とした。そしてできあがった120年の空白を埋めるために405年から453年までの48年間の歴史を3.5倍に引き延ばして168年とした。」としています（図表3－6）。私はこの説を「比例延長説」と呼んでいますが、非常に独創性に富んだ興味深い説で、これによって120年のずれの原因と120年の繰り上げによって生じた空白の解消を同時に説明しているので

図表3－6 「百済の五王の120年のずれ」（竹田説）

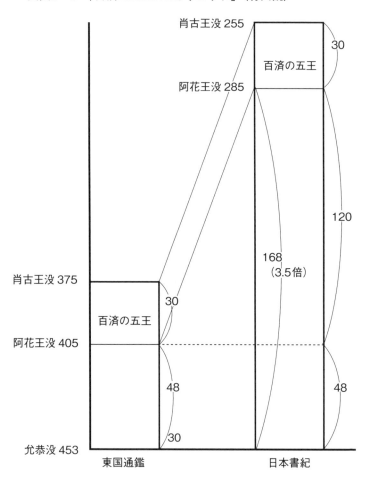

肖古王没 255

百済の五王

30

阿花王没 285

120

168
（3.5倍）

肖古王没 375

百済の五王

30

阿花王没 405

48

48

30

允恭没 453

東国通鑑　　　　　　　　　　日本書紀

す。唯一の難点は倍率が3.5倍と中途半端な点です。もしも年代が編纂者の机上の創作ならば、3倍もしくは4倍にすることもできたはずですが、なぜそうせずに3.5倍という扱いにくい倍率にしたのか、その点にいささか疑問が残るのです。

　これに対して大平氏は『暦で読み解く古代天皇の謎』（＊23）の中で異なる説を提示しています。それによると図表3－7のように応神即位から雄略即位までは西暦では390年から457年までの67年間ですが、これが書紀では紀年270年から紀年457年までの187年間に相当するため、丁度120年延長されていて、その延長の仕方は各天皇で在位年数が少しずつ上積みされた結果であるというのです。これはいわば「加算延長説」とでもいうべき説です。さらに大平氏は「このことは『日本書紀』の編纂者たちの苦渋の決断で、意図的に紀年の延長を図ったものと断言せざるを得ない」としています。すなわち、神功皇后を卑弥呼と台与に比定するために神功皇后の在位を西暦201年から269年とし、さらに応神天皇の即位年を390年と知りながら神功皇后の没年（269年）に合わせるために120年遡らせ、270年としたのだというのです。この説は大変分かり易いのですが、応神天皇の在位年数がわずかに5年というのはあまりにも短すぎる気がします。日本書紀によれば応神の在位は百済の辰斯王、阿花王、直支王の三代にわたっていますから、阿花王の在位年数（392年～405年）だけみても応神の在位年数は最低13年以上あったのではないでしょうか。

　さて、ふたりの説に共通しているのは、神功皇后を卑弥呼に

図表 3 − 7　日本書紀の紀年の延長（大平説）

日本書紀の紀年数			加算された紀年	西暦年	古事記崩年干支
応神	270 − 310 年	41 年	34 年	390 − 394 年	394 年
空位	311 − 312 年	02 年	02 年	395 − 396 年	
仁徳	313 − 399 年	87 年	56 年	397 − 427 年	427 年
履中	400 − 405 年	06 年		428 − 433 年	432 年
反正	406 − 410 年	05 年	01 年	434 − 437 年	437 年
空位	411 年	01 年	01 年	−	
允恭	412 − 453 年	42 年	26 年	438 − 453 年	454 年
安康	454 − 456 年	03 年		454 − 456 年	
計		187 年	120 年	67 年	

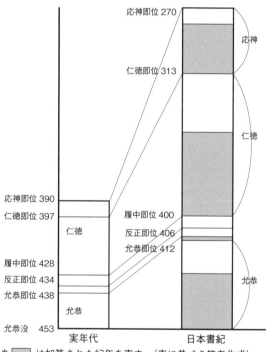

＊ ▨ は加算された紀年を表す。（表に基づき筆者作成）

82

仕立て上げるために日本書紀の編纂者が允恭から応神までの在位年数を故意に引き延ばしている、という点です。この「日本書紀の編纂者の造作説」は学会においても一般的な説となっていて、岩波文庫『日本書紀』の補注にも次のように記されています。「卑弥呼に伝説上の神功皇后を擬し、卑弥呼の生存年代を以て神功皇后の在世年代としたことは、書紀の年立にとってあたかも伝説上の神武天皇の即位年を辛酉革命説をもってさだめたのと同じくらい意味のあったことである。」 すなわち日本書紀の編纂者は書紀の年代を構成する際に、神武即位を讖緯説にしたがってBC660年とし、神功没年を卑弥呼の朝貢に合わせて西暦269年に設定したのだ、というのです。しかし、この考え方にはいくつかの大きな疑問があります。

　第一に、書紀の編纂者は日本の中国への朝貢を非常に嫌っていて、書紀中最大の英傑である神功を中国に朝貢した卑弥呼に比定したとは考えにくいということです。その証拠には書紀には倭の五王の朝貢の記事はほとんど記載されていません。わずかに二か所だけ交渉の記載はあるのですが、そのひとつは仁徳58年の記事、もうひとつは雄略6年の記事で、ふたつともまるで中国から朝貢してきたかのように書かれてあるのです。古代において中国から我が国に朝貢するなどということは到底考えられないことですから、おそらく日本からの朝貢に対する中国の答礼の使者だったのでしょう。このように書紀の編纂者は聖徳太子以来の対等外交の立場から中国への朝貢を屈辱ととらえているようで、倭の五王の朝貢記事をすべて削除しているの

です。したがって神功皇后を中国へ朝貢した卑弥呼に比定する
はずがないと思われるのです。本居宣長にいたっては、「神功
皇后が中国に朝貢などするはずがない。おそらく、九州の女酋
が中国の援助を得るために神功皇后の名を騙って朝貢したので
あろう。」と言っているほどです。

　第二の問題点は、神功皇后を卑弥呼に比定するために、はた
して百済の五王の年代を繰り上げる必要があるのだろうか、と
いうことです。神功皇后の在位年代だけをずらせばよいのです。
それどころか百済の五王、とりわけ肖古王（しょうこおう）の没年を120年繰り
上げるのは偽装のためにはかえってマイナスなのです。なぜな
ら肖古王は372年に東晋に朝貢していて、それは中国の歴史書
にはっきりと記録されていますから、その同じ肖古王が西暦
252年に神功に七支刀を贈ったなどと言ったら、中国の学者は
びっくりしてしまうことでしょう。それにもかかわらず日本書
紀は肖古王だけではなく、ご丁寧にも貴須王（きすおう）や阿花王など5人
の王をすべて正確に120年繰り上げているのです。神功皇后の
在位年代を繰り上げるためならば肖古王だけで十分で、肖古王
から阿花王までの5人の王を、しかも5人とも正確に120年繰
り上げる必要がいったいどこにあるのでしょうか？

　そして第三の問題点は、神功の在位年を卑弥呼に合わせるた
めに意図的に繰り上げるのならば、120年ではなく140年繰り
上げるべきだということです。140年繰り上げれば神功の没年
は249年となり、ちょうど卑弥呼の没年に重なるからです。と
ころが実際には120年しか繰り上がっていないので、神功の没

年は269年となって卑弥呼の没年（249年頃）には一致せず、それどころか卑弥呼が亡くなって台与が遣使（267年）するまで生きたことになってしまうのです。つまり神功は卑弥呼と台与のひとり二役を演じたことになるのです。いくらなんでもそんなことを中国の学者が信じるはずがありません。249年頃に卑弥呼が亡くなったことは魏志倭人伝に明記されていて、巨大な墓を造ったことや、その後に倭国が乱れ、13歳の台与を立ててようやく収まったことなどが記されています。その台与が267年に朝貢しているのです。日本書紀の編纂者は魏志倭人伝を読んでそのことをよく知っているはずですから、神功を卑弥呼に擬するつもりならば140年繰り上げたはずなのです。それが120年しか繰り上がっていないのですから、神功を卑弥呼に比定するためでなかったことは明らかです。120年という数字は卑弥呼とは無関係で、むしろ編纂者が誤って干支二運（120年）ずらして書き込んでしまったことが原因なのではないでしょうか。

第6節　日本書紀の成立過程

「百済の五王の没年の謎」を解く前に、日本書紀の成立過程について考えておきたいと思います。古事記は稗田阿礼が暗唱したものを太安万侶が口述筆記して成立したのに対し、日本書紀は川嶋皇子以下12人という大がかりな編集委員会を立ち上

げ、本格的な史書の編纂がおこなわれました。すなわち、編年体による歴史書の作成を目指したのです。そこで、全国から資料を集め、帝紀（天皇家の系譜などをまとめたもの）と旧辞（天皇家の古いできごとをまとめたもの）に太歳干支（天皇の即位年などの重要な年代）を付して日本書紀の原案が作られたと考えられます。これを「前日本書紀」と呼ぶことにします。これはいわば「年代付き古事記」とでもいうべきものです。さらにこれに百済記等の外国資料が挿入されて「原日本書紀」（仮称）が完成したのです。そしてこの「原日本書紀」を西暦換算したのが、現在われわれが手にしている「日本書紀」であると考えられます。（図表3−8）。

　さて、百済記の記事を「前日本書紀」に書き込む際、どのようにして書き込んだのでしょうか？　百済記には肖古王から阿花王までの最低でも30年間の記録があったと思われます。これを「前日本書紀」に書き込む際、どの時代に書き込むかは明らかであったことでしょう。なぜなら百済記の肖古王から阿花王までの記事には、日本の天皇（皇后）との交流のことがはっきりと記されていたと思われるからです。

　まず肖古王の記事ですが、神功47年に肖古王の命を受けて久氐らが初めて日本に朝貢した際、神功皇后が「先の王（仲哀）が所望したまいし国人、今まうけり。痛ましきかな、天皇におよばさざることを。」と言っています。このことから肖古王と最初に交渉を望んだのは仲哀天皇で、実際に交渉を始めたのが神功皇后であったことがわかるのです。

図表3-8　日本書紀の成立過程

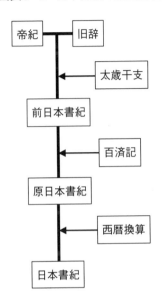

　次に辰斯王の記事ですが、応神3年に紀角宿禰（きのつのすくね）らを百済に派遣して辰斯王を殺害させ、阿花王を立てたと記されています。このことから応神が即位直後に辰斯王を廃したことがわかるのです。

　次に阿花王の記事ですが、応神16年に百済の阿花王が亡くなった際、応神が人質になっていた直支王を呼んで、「汝、国に帰って王位を継げ。」と言っています。これは阿花王が亡くなったのが応神天皇の時代であったことを示しているのです。

　そこで編纂者は、応神3年の干支「壬辰」を基準として、百済記の記事を干支を揃えて「前日本書紀」に書き込んでいった

と思われます。なぜなら百済記の辰斯王の没年は「壬辰」で、応神の在任期間中に「壬辰」は一度しかなく、それが応神3年ですから「応神が即位直後に百済の辰斯王を廃して阿花王を立てた。」という日本書紀の内容にぴったり一致するからです。すなわち編纂者のイメージとしては肖古王、貴須王、枕流王の没年代は神功の時代に、辰斯王、阿花王の没年代は応神の時代に年代（干支）を揃えて正確に書き込んだつもりだったのです。ところが百済記は一倍暦だったのに対し「前日本書紀」は三倍暦だったため、百済記の記事は「原日本書紀」には図表3－9のように圧縮されて書き込まれることになってしまったのです。

　その結果、百済記においては百済の五王の没年の年代は375年の肖古王没年から405年の阿花王没年までの30年間だったものが、「原日本書紀」においては387年から397年までの10年間で、丁度三分の一に圧縮されました。これは百済記の一倍暦の干支と「前日本書紀」の三倍暦の干支を同一視したことにより、「干支の混同による転記ミス」によって書き込む年代がずれてしまったためなのです。しかし、「原日本書紀」における年代のずれは最大でも肖古王没年が375年から387年にずれた12年間で、それ以上のずれはありませんでした。時代感覚に大きな間違いはなかったのです。それがなぜ「日本書紀」においては120年という大きなずれになってしまったのでしょうか？

　実はここが「百済の五王の没年の謎」の核心で、日本書紀最大の謎の答えなのですが、それは「原日本書紀」の書紀年代を

図表 3−9 百済の五王の没年の書き込み（年代の一部省略）

西暦	百済記	干支		三倍暦干支			神功・応神			書紀年代			原日本書紀
369	新羅攻略	己巳		己卯	庚辰	辛巳			01	199	200	201	三韓征伐
370		庚午		壬午	癸未	甲申	02	03	04	202	203	204	
371		辛未		乙酉	丙戌	丁亥	05	06	07	205	206	207	
372		壬申		戊子	己丑	庚寅	08	09	10	208	209	210	
373		癸酉		辛卯	壬辰	癸巳	11	12	13	211	212	213	
374		甲戌		甲午	乙未	丙申	14	15	16	214	215	216	
⑤375	肖古王没	⑤乙亥		丁酉	戊戌	己亥	17	18	19	217	218	219	
376		丙子		庚子	乙未	丙寅	20	21	22	220	221	222	
379		己卯		己酉	庚戌	辛亥	29	30	31	229	230	231	
380		庚辰		壬子	癸丑	甲寅	32	33	34	232	233	234	
381		辛巳		乙卯	丙辰	丁巳	35	36	37	235	236	237	
382		壬午		戊午	己未	庚申	38	39	40	238	239	240	
383		癸未		辛酉	壬戌	癸亥	41	42	43	241	242	243	
⑤384	貴須王没	⑤甲申		甲子	乙丑	丙寅	44	45	46	244	245	246	
⑤385	枕流王没	⑤乙酉		丁卯	戊辰	己巳	47	48	49	247	248	249	
386		丙戌		庚午	辛未	壬申	50	51	52	250	251	252	
387		丁亥		癸酉	甲戌	⑤乙亥	53	54	**55**	253	254	⑤255	肖古王没
389		己丑		己卯	庚辰	辛巳	59	60	61	259	260	261	
390		庚寅		壬午	癸未	⑤甲申	62	63	**64**	262	263	⑤264	貴須王没
391		辛卯		⑤乙酉	丙戌	丁亥	**65**	66	67	⑤265	266	267	枕流王没
⑤392	辰斯王没	⑤壬辰		戊子	己丑	庚寅	68	69	01	268	269	270	
393		癸巳		辛卯	⑤壬辰	癸巳	02	03	04	271	⑤272	273	辰斯王没
394		甲午		甲午	乙未	丙申	05	06	07	274	275	276	
395		乙未		丁酉	戊戌	己亥	08	09	10	277	278	279	
396		丙申		庚子	辛丑	壬寅	11	12	13	280	281	282	
397		丁酉		癸卯	甲辰	⑤乙巳	14	15	**16**	283	284	⑤285	阿花王没
399		己亥		己酉	庚戌	辛亥	20	21	22	289	29	291	
400		庚子		壬子	癸丑	甲寅	23	24	25	292	293	294	
401		辛丑		乙卯	丙辰	丁巳	26	27	28	295	296	297	
402		壬寅		戊午	己未	庚申	29	30	31	298	299	300	
403		癸卯		辛酉	壬戌	癸亥	32	33	34	301	302	303	
404		甲辰		甲子	乙丑	丙寅	35	36	37	304	305	306	
⑤405	阿花王没	⑤乙巳		丁卯	戊辰	己巳	38	39	40	307	308	309	

見たときに初めてわかりました。「原日本書紀」の肖古王没年の書紀年代が「255年」なのです。百済記では肖古王没年は「375年」ですから、丁度120年の年代差が生じているのです。これは肖古王に限らず、貴須王も枕流王も百済の五王の没年はすべて正確に120年の年代差があるのです。すなわち、書紀年代が三倍暦で記されていたために120年の年代差が生じたのであり、これこそが「百済の五王の没年の120年のずれ」の原因だったのです。おそらくこのことについて編纂者は書紀編纂時には全く気づいていなかったのだと思います。なぜなら日本と百済の登場人物が、神功と肖古王、応神と辰斯王という具合にぴったり対応していたからです。江戸時代になって本居宣長が外国史料と日本書紀とを比較して、西暦年代と書紀年代との間に120年の差があることに初めて気づいたというのが真相なのではないでしょうか。

　明治以降の歴史学者たちはこの120年のずれの原因を編纂者の意図的な造作と解釈しましたが、実はそうではなく、書紀年代が図表3−9のように三倍暦で記されていたためだったと考えることによって合理的に解釈することができたのです。

第7節　百済の五王の没年の謎

　日本書紀の年代が三倍暦で記されていた場合、なぜ「百済の五王の没年」が120年繰り上がるのか、ということを、模式図

を用いて示したいと思います。

　図表3－10は百済記と原日本書紀と日本書紀の三者の年代の関係を図示したものです。まず、百済記と原日本書紀の関係ですが、図表3－9で示したように百済の五王の375〜405年までの30年間が原日本書紀では387〜397年までの10年間に圧縮されて書き込まれています。これは百済記の一倍暦の干支を原日本書紀の三倍暦の干支にそろえて転記したためです。その結果、原日本書紀では阿花王没年から允恭没年までは56年間となりました。次に原日本書紀と日本書紀との関係ですが、原日本書紀の369年から453年までの84年間の記事が日本書紀では201年から453年までの252年間に延長されて記載されています。その理由は「原日本書紀」の年代を西暦に換算した際に、「原日本書紀」が三倍暦であることを知らずに「原日本書紀」の1年（4ヶ月）を西暦の1年（12ヶ月）として換算したため、「原日本書紀」の年代を三倍に引き延ばす結果になってしまったからです。そのため、369年から453年までの84年間は3倍の252年間となって神功摂政開始年は201年となりました。また、三分の一に圧縮されていた「百済の五王の没年」は三倍されてもとの30年にもどりましたが、「百済の五王の没年」全体は大きく上方に繰り上げられました。これは「原日本書紀」の397年（阿花王没年）から453年（允恭没年）までの56年間が3倍されて168年間になったためで、その結果、阿花王没年は285年となり、百済記の阿花王没年（405年）よりも丁度120年繰り上がる結果となったのです。

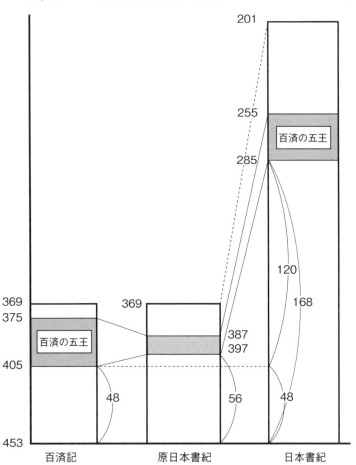

図表 3−10　書紀年代の西暦への換算

すなわち、「百済の五王の没年」が百済記と書紀とで120年のずれが生じたのは、書紀の編纂者が神功皇后を卑弥呼に重ねようとして意図的に年代を繰り上げたためではなく、日本書紀が三倍暦であることに気づかずに百済記の記事を干支を揃えて「原日本書紀」に書き込み、それをのちに歴史学者が「原日本書紀」の1年（4ヶ月）を西暦の1年（12ヶ月）として西暦換算したために生じた結果なのだと考えられるのです。

　ちなみに二倍暦の場合には干支をそろえて書き込むと、阿花王没年（乙巳）が日本書紀では345年（乙巳）となるため、「百済の五王の没年」は60年しか繰り上がりません。また、四倍暦では干支をそろえて書き込むと阿花王没年（乙巳）が273年となるため、180年繰り上がることになるのです。つまり120年の繰り上がりは三倍暦だからこそ生じた現象なのであり、三倍暦以外では説明のつかないことなのです。私はこのことに気づいた時、三倍暦の存在に強い手ごたえを感じることができたのです。

第8節　酒楽の歌

　歴史学者は、日本書紀における神功皇后の活躍年代が卑弥呼の活躍年代に一致しているのは、日本書紀の編纂者が神功皇后を卑弥呼に比定していたためである、としています。いったい

なぜそのような考えが生まれたのでしょうか？　その理由は神功39年の条に「この年、卑弥呼が魏に朝貢した。」という記事が挿入されているからです。

　「39年。是年、太歳 己 未（たいさいつちのとのひつじ）。魏志にいわく、明帝の景初3年の6月、倭の女王、大夫難斗米（たいふなしめ）らを遣わして、郡にいたりて、天子にいたらむことを求めて朝献す。太守鄧夏（たいしゅとうか）、吏を遣わして将て送りて、京都にいたらしむ。
　40年。魏志にいわく、正始元年に、建忠校尉梯携（けんちゅうこうい ていけい）等を遣わして、詔書印綬を奉りて、倭国にいたらしむ。
　43年。魏志にいわく、正始4年、倭王、また使大夫伊声者掖耶等約8人を遣わして上献す。」

　このように神功紀に卑弥呼の朝貢記事が挿入されているのは、日本書紀の編纂者が神功皇后を卑弥呼だと認識していた証拠であるというのです。確かに神功39年を西暦に換算すると239年となり、卑弥呼の朝貢年代に一致します。しかしながら、ここにひとつの問題があります。それは卑弥呼の記事はすべて小文字で記されているということです。すなわち本文ではなく注記なのです。これについて岩波文庫『日本書紀』の補注には、「集解（書紀集解）は後人の加えたものとして39、40、43、66年の四か所をすべてけずり、通釈（日本書紀通釈）もこれに従っている。今日でもこの説に従う人もいるが、それは誤りである。なぜなら、卑弥呼に伝説上の神功皇后を擬し、卑弥呼の

94

生存年代を以て神功皇后の在世年代としたことは、書紀の年立にとって、あたかも神武天皇の即位年を辛酉革命を以て定めたのと同じぐらいに意味のあったことだからである。」と書かれています。つまり日本書紀の編纂者は「卑弥呼は神功皇后である」という虚構を作り上げるために神功39年の条に「卑弥呼の遣使記事」を挿入したのだというのです。

　しかし私は集解や通釈の著者と同様、小文字で書かれた卑弥呼の記事はすべて「後人の加えたもの」として削るべきである、と考えます。その理由は、太歳干支です。太歳干支というのはきわめて重要な年に付される干支のことで、書紀の中には全部で41個あり、そのほとんどは天皇の即位年に付けられているのですが、そのうちの3個が例外的に神功皇后の条にあり、ひとつは神功皇后の摂政就任年、ひとつは神功皇后の崩御年、そしてもうひとつがこの39年条の「太歳己未」（卑弥呼の朝貢記事）なのです。天皇でも皇后でもない卑弥呼の記事に、しかも即位年でもない年に太歳干支がつけられているのです。太歳干支にとって卑弥呼の朝貢記事だけがきわめて異質であることは一目瞭然です。はたして書紀の編纂者は本当に卑弥呼の朝貢記事に太歳干支を付けたのでしょうか？

　さらに疑問なのは「太歳己未」の記載の形式です。太歳干支はその記載のすべてに共通した形式がみられます。その典型が応神天皇の太歳干支で、「元年の春正月の丁亥の朔に、皇太子即位す。是年、太歳庚寅。」と記されています。まず、年月日、次に出来事を記し、そして太歳干支を付すという形をとってい

るのです。場合によっては出来事が数行から数十行になること
もありますが、年月日、出来事、太歳干支はセットになってい
て、その順序に変わりはありません。ところが、「太歳己未」
だけは「39年。是年、太歳己未。」となっていて、出来事が
すっぽり抜け落ちているのです。そして例の卑弥呼の記事が太
歳己未のあとにしかも小文字で続いているのです。記事の位置
も文体も明らかに異なるのです。このことから「太歳己未」が
卑弥呼の記事につけられた干支でないことは明白で、むしろ卑
弥呼の記事のほうが「太歳己未」のあとにつけ加えられたと考
えるべきではないでしょうか。

　そこで集解や通釈の言うように小文字をすべて削ってみると
どうなるかをみてみましょう。

39年　是年、太歳己未。
40年
43年

　このように太歳干支と年代だけが残ります。すなわち、「40
年」「43年」の年次は小文字に対してつけられたものなので、
小文字がなくなれば意味をなさなくなるのです。それは「39
年」も同じなのではないでしょうか。そこで「39年」「40年」
「43年」をすべて削ってしまうと、「是年、太歳己未。」だけが
残ることになります。この「太歳己未」はいったい何を意味す
るのでしょうか？

太歳干支は記事の最後尾につけられるものです。そこで私は「太歳己未」の前の記事に着目してみました。それは「酒楽の歌」とよばれているものです。要約すると次にようになります。「神功13年、皇后は武内宿禰に命じて太子と共に気比神社に参拝させた。ふたりが帰った日に宴を催して『酒楽の歌』を歌い、太子（の成人）を祝った。」

　そのあとに「酒楽の歌」があり、「39年。是年、太歳己未」が続くのです。「酒楽の歌」とは次のような歌です。「この御酒は　わが御酒ならず　神酒の司　常世にいます　いはたたす　少御神の豊寿き　寿き廻ほし　神寿き　寿き狂ほし奉り来し御酒ぞ　あさず飲せささ」

　この歌は太子の13歳の成人式を祝った歌であり、太子の成人を何よりも心待ちにしていた神功皇后の喜びをよく表した歌であるといわれています。仲哀天皇の血をひく皇子は応神だけで、太子の成人はそれだけ皇后にとっても朝廷にとっても重要な出来事だったわけです。それならば、「太歳己未」は「酒楽の歌」に付けられたものなのではないでしょうか？　太歳干支は重要な年にだけつけられるもので、「太歳己未」だけが意味不明なのですが、応神の成人年ならば、その重要度からして十分に資格があると思います。「太歳己未」は応神天皇の成人の年に対して付けられたものだったのだと思います。

　そうなると、「太歳己未」は「第56干支」を意味しますから、神功皇后の摂政就任年（これは太子の誕生年にもあたります）の「太歳辛巳」（第18干支）から数えると39干支目というこ

とになります。すなわち太子の13歳の年が39干支目にあたるのです。これは1年が3干支であることを示しているのではないでしょうか？　ここにも三倍暦の痕跡が認められるのです。このことからもともとは以下のような口伝が伝えられていたのだと思います。

　　「太子が13歳の時、皇后は武内宿禰に命じて太子と共に気
　　比神社に参拝させた。ふたりが帰った日に皇后は宴を催して
　　『酒楽の歌』を歌い、太子の成人を祝った。是年、太歳己
　　未。」

「太歳己未」は紀年（三倍暦）では神功元年から39年目、実年では13年目ですから太子は丁度13歳で、成人式として筋が通っています。ところが三倍暦を知らない編纂者が書紀を編年体に統一する際に、「太子が13歳の時」を「神功13年」と書き換えたことにより問題が生じてしまったのだと思います。「太歳己未」は39年目にあたるため、神功13年に合わないのです。後に校正した学者がこの矛盾に気づき、「太歳己未」を神功13年の条から切り離して改行し、「神功39年。是年、太歳己未。」とし、さらに孤立したこの条に「卑弥呼云々」を書き加えたために現在のような形になってしまったのではないでしょうか。

すなわち集解や通釈の著者がいうように、「卑弥呼云々」の小文字の記事は日本書紀の編纂者が記載したものではなく、後

人が書き加えたものと考えるべきなのです。編纂者には神功を
卑弥呼に比定する意図はさらさらなかったのです。

　また、この太子の13歳の成人式と神功39年とが同じ年、と
いう解釈は三倍暦においてのみ成立しうることで、「太歳己未」
は三倍暦が使われていたことのひとつの有力な証左になり得る
と考えます。

第四章　古代天皇の崩御年齢

　この章では「古代天皇の崩御年齢」の不合理について検討したいと思います。古代天皇（第1代神武天皇から第19代允恭天皇まで）の崩御年齢とその後の天皇（記録の確かな第33代推古天皇から第124代昭和天皇まで）の崩御年齢を比較してみると、古代天皇の崩御年齢の平均は98.5歳なのに対して、33代以降の天皇の崩御年齢の平均は50.2歳です。したがって古代天皇の崩御年齢は33代以降の天皇の崩御年齢の約二倍となっているのです。古代天皇はなぜこのような長寿として記されることになったのでしょうか？

　歴史学者の山田英雄氏は『日本書紀の世界』（＊24）の中で次のように述べています。「（天皇の年齢は）近い年代の天皇の年齢のほうが不明であることが多いにもかかわらず、古い時代の天皇のほうが明確な数字があり、しかも100歳を超える場合が多くあり、在位年数も多きにすぎ、また年齢も関連する数字を合わせると、父の死後何十年もたってからの誕生という計算になる場合もあって信用しがたい（中略）。つまり日本書紀の編纂者は建国以来の年数をきめて歴代の天皇をわりあてたためにかなり無理をしてつじつまを合わせたが、それでも細部に矛盾

を生じているわけである。」

　そして新井白石の著『古史通或問』を引用して、「仲哀天皇は日本武尊の第2皇子、成務天皇の48年に31歳で太子となった。しかるにその父の日本武尊は景行43年に没している。（中略）すなわち仲哀は父日本武尊が没してより35年後に生まれたことになる。」と述べています。

　山田氏が指摘するように古代天皇の年齢に関しては崩御年齢だけではなく、誕生年に関しても大きな矛盾が存在するわけですが、誕生年の矛盾は仲哀天皇だけではありません。景行天皇の誕生年は崩御年からの逆算では垂仁54年のはずですが、立太子年齢からの逆算では垂仁17年の誕生となり、37年の違いがあります。また、垂仁天皇の誕生年は崩御年齢からの逆算では崇神29年のはずですが、崇神紀によれば崇神元年の時点ですでに垂仁は生まれていたことになっています。また、履中天皇の誕生年にも問題があり、立太子年齢からは仁徳17年の誕生のはずですが、仁徳7年に「履中のために壬生部を定めた」という記事があり、この時点で履中はすでに生まれていたことになっているのです。

　このように仲哀だけではなく、古代天皇の誕生年には多くの矛盾がみられるのですが、その理由は全くわかっていません。誕生年に大きな矛盾があれば、当然その崩御年齢にも矛盾をきたすことになるわけです。そこでまず誕生年の謎について検討することから始めてみたいと思います。

第 1 節　仲哀天皇の誕生年の謎

　江戸時代に新井白石が「日本書紀によれば仲哀天皇は父のヤマトタケルが亡くなってから35年後に生まれたことになる。」と指摘して以来、仲哀天皇の誕生年に関しては大きな矛盾があるとされてきました。これを、三倍暦を用いて解き明かすことはできないでしょうか。

　日本書紀には仲哀天皇に関して次のように記されています。

　　景行43年　ヤマトタケルが30歳で没す。
　　成務48年　仲哀立太子（31歳）。
　　仲哀元年　仲哀即位（44歳）。
　　仲哀 9 年　仲哀没（52歳）。

　これらの記事から仲哀天皇の誕生年を推定してみましょう。図表 4 － 1 をご覧ください。仲哀は仲哀 9 年に 52 歳で亡くなったとされていて、9 年間在位しましたから、44 歳で即位したことになります。皇太子になったのは、さらにその 13 年前ですから 31 歳の時のはずです。書紀には、「成務 48 年、仲哀、皇太子となる。時に齢 31 歳。」と記されているので、ここまでは計算が合っています。そこで問題となるのは、この 31 歳という立太子年齢が紀年で数えられたものなのか、それとも実年

図表 4−1　仲哀天皇の誕生年

年代	ヤマトタケル	仲哀		
		一倍暦	二倍暦	三倍暦
景行 01 年				
景行 18 年	タケル　21 歳			仲哀誕生
景行 43 年	タケル　30 歳			10歳
景行 48 年		5 年	仲哀誕生	
成務 01 年				90年
		35 年		
成務 18 年		仲哀誕生	60年	
		30 年		
成務 48 年	仲哀立太子31歳	31歳	31歳	31歳
仲哀 01 年	仲哀即位　44 歳			
仲哀 09 年	仲哀崩御 52 歳			38歳

なのか、ということです。もしも紀年だとしたならば図表4-
1の一倍暦の項に示すように仲哀の誕生は成務18年ということになり、新井白石が言うようにヤマトタケルが亡くなってから35年後に生まれたことになってしまい父子関係は成立しません。したがって31歳という立太子年齢は紀年で数えられたものではないと考えられるのです。

　そこでこの「仲哀立太子31歳」が実年齢だとしたならば、二倍暦の場合はどうなるのでしょうか？　図表4-1の二倍暦の項に示すように、仲哀の誕生年は実年では立太子の30年前、二倍暦では60年前ですから景行48年生まれとなり、ヤマトタケルが亡くなってから5年後に生まれたことになってしまい、やはり父子関係は成立しません。したがって二倍暦説でも説明不可能なのです。

　それでは三倍暦の場合はどうでしょうか？　図表4-1の三倍暦の項に示すように仲哀が生まれたのは実年では立太子の30年前、紀年では90年前で、景行18年の生まれとなりますから、ヤマトタケルが21歳のときの誕生となって父子関係が成立するのです。このことから「仲哀天皇の立太子31歳」は実年齢であり、立太子までは実年で数えられ、立太子後は三倍暦で数えられたのではないかと考えられるのです。31歳は立太子年齢としては高齢ですが、成務天皇に子ができなかったためにやむなく甥の仲哀を皇太子にしたのですから、納得のいく年齢ではないでしょうか。

　そうなると仲哀はヤマトタケルが21歳の時の子で、タケル

が30歳で亡くなった時には実年で10歳だったということになります。そこで想起されるのが仲哀が即位したときの詔勅です。「父が亡くなったとき、私は弱冠に及ばなかった。」と言っているのです。弱冠とは元服式のことで、仲哀の子の応神の場合は13歳の時に行われています。それに及ばなかったというのですから、まさにぴったりなのではないでしょうか。

　それでは仲哀天皇の崩御時の実年齢は何歳だったのでしょう。成務48年に31歳（実年）で立太子し、21年後（紀年）に亡くなっていますから、実年に換算すると、31＋（21÷3）＝38で、38歳となります。これは仲哀天皇の正妃の子である忍熊王が仲哀20歳頃の子だったとすると仲哀崩御時に18歳ぐらいとなり、神功と皇位継承争いをするにはぴったりの年齢です。このことからも仲哀天皇の年齢は立太子までは実年で数えられ、立太子以後は紀年で数えられていたと考えられるのです。したがって図表4−1の三倍暦によれば、仲哀はヤマトタケル21歳の時の子で、ヤマトタケルが亡くなった時には10歳で「弱冠に及ばず」、「成務48年に31歳（実年）で皇太子」になり、「仲哀9年に52歳（実年では38歳）で亡くなった。」という記事のすべてを満たしていると考えます。

　このように天皇の年齢が立太子までは実年で数えられ、立太子してからは紀年で数えられていたと解釈することによって、ヤマトタケルと仲哀天皇の父子関係を合理的に説明することができるのです。そこでこの仮説を「立太子年齢実年の仮説」とよぶことにしたいと思います。

第2節　景行天皇の誕生年の謎

　次に景行天皇の誕生年について考えてみたいと思います。景行天皇の年齢の矛盾は、景行天皇に関する年表をみれば明らかです。

　　垂仁15年　垂仁天皇、ヒバス媛を妃とす。
　　垂仁32年　ヒバス媛没。
　　垂仁37年　景行21歳で皇太子となる。（筆者注：景行21歳）
　　垂仁99年　垂仁天皇崩御。（筆者注：景行83歳）
　　景行元年　景行天皇即位。（筆者注：景行84歳）
　　景行60年　景行天皇106歳で崩御。（筆者注：景行143歳）

　この年表によれば、景行天皇は垂仁37年に21歳なので、垂仁99年には83歳、景行60年には143歳となり、書紀に記された崩御年齢の106歳とは40歳近い違いが生じてしまいます。つまり、この年表にはどこかに間違いがあるのです。いったいどこが間違っているのでしょうか。

　景行の崩御年齢から逆算してみると、景行が立太子したのは21歳ですから106歳で崩御する85年前なので垂仁74年となります。すなわち、「垂仁74年、景行立太子（21歳）」が正しいと考えられるのです。ここで景行の立太子年齢の21歳を紀

年とすると景行誕生は垂仁54年となりますが、これでは母親のヒバス媛が垂仁32年に亡くなっていることと矛盾します。つまり立太子年齢21歳は紀年ではないのです。

　そこで、仲哀天皇のときと同様に「立太子年齢を実年」と考えて景行の誕生年をもとめると、実年では20年前、紀年（三倍暦）では58年から60年前ですから、景行の誕生年は垂仁14年から16年の間となります。そこで景行の誕生をヒバス媛が妃となった翌年の垂仁16年として年表を作成し、書紀のそれと比較すると下記のようになります。

（日本書紀）　　　　　　　　　　　　　（自説）
垂仁15年　ヒバス媛、妃となる。　　　ヒバス媛、妃となる。
垂仁16年　　　　　　　　　　　　　　景行誕生
垂仁32年　ヒバス媛没　　　　　　　　ヒバス媛没
垂仁37年　景行立太子（21歳）
垂仁74年　　　　　　　　　　　　　　**景行立太子（21歳）**
景行01年　景行即位　　　　　　　　　景行即位
景行60年　景行崩御（106歳）　　　　　景行崩御（106歳）

　すなわち、書紀と自説との年代の違いは景行立太子年代だけであり、あとは立太子年齢も即位年も崩御年齢もぴったり一致しているのです。つまり日本書紀において、立太子年を垂仁37年としたことが間違いだったと考えられるのです。
　それではなぜ書紀では立太子年を垂仁37年としたのでしょ

うか？ おそらく「ヒバス媛が妃になった翌年（垂仁16年）に景行が生まれた。」という言い伝えがあったのでしょう。そこで書紀の編纂者は景行の立太子年齢の21歳を満年齢と考え、16 + 21 = 37と計算して、「垂仁37年、景行立太子」としたのではないでしょうか。すなわち、景行天皇の年代の混乱も、書紀の編纂者が編年体にする時に書紀の年代が三倍暦であることを知らずに編纂したために生じた混乱であると考えられるのです。このことから景行天皇の誕生年の矛盾も「立太子年齢実年の仮説」によって説明可能であると考えます。

第3節　垂仁天皇の誕生年の謎

　次に、垂仁天皇の誕生年について検討してみたいと思います。垂仁は誕生年が記されている珍しい例です。『日本書紀』（岩波文庫）の注にも、「天皇の生年月日を記すことは珍しい」とあり、実際、生年月日を記された古代天皇は垂仁と雄略以外にはいません。しかし、この垂仁の誕生年には大きな問題があります。たしかに垂仁前紀には垂仁天皇の誕生年は崇神29年と記されてありますが、一方、崇神天皇元年の記事には「御間城媛を立てて皇后とす。これより先に妃、活目入彦（垂仁）等7人を生れます。」とあり、崇神天皇の即位前に垂仁が生まれていたと記されているからです。両者には30年以上の隔たりがあることになりますが、いったいどちらが正しいのでしょうか？

垂仁天皇に関する年表を日本書紀の垂仁紀に沿ってみてみましょう。

　崇神 29 年　　垂仁誕生
　崇神 48 年　　垂仁立太子（24 歳）
　崇神 62 年　　ホムツワケ誕生
　崇神 68 年　　崇神崩御
　垂仁 01 年　　垂仁即位
　垂仁 05 年　　サホビコの乱
　垂仁 99 年　　垂仁崩御（垂仁 140 歳）

　垂仁紀では垂仁の誕生を崇神 29 年としています。しかしそれならば崇神 48 年の立太子年齢は 20 歳でなければ計算が合いません。また、長男のホムツワケの記事にも問題が生じるのです。ホムツワケは生まれつき口のきけない子でしたが、垂仁 23 年、ホムツワケが 30 歳の時に口がきけるようになったと記されています。すなわち、ホムツワケが生まれたのが崇神 62 年ということになるのですが、これは正しいのでしょうか？ ホムツワケに関する記事を調べてみましょう。

　ホムツワケの口がきけない理由は、出雲の神の祟りであるとされています。なぜ出雲の神がホムツワケに祟ったのでしょうか？　それは崇神天皇が崇神 60 年に出雲の神宝を献上させ、さらにその後、出雲の振根を殺したことが関係しているものと思われます。なぜなら、丁度その頃（崇神 62 年）にホムツワ

ケが誕生しているからです。しかもその時、丹波の氷香戸辺という者（巫女か？）が皇太子の垂仁に「出雲の神の御霊が水底に漂っています。出雲の神祭りの再開を許可するよう、崇神天皇にとりなしてください。」と願い出て、垂仁が崇神に取り次ぎ出雲の神祭りの再開が許可されているのです。このとき垂仁が取り次いだのは、生まれてくるホムツワケに出雲の神の祟りがあるのでは、と恐れたからではないでしょうか。書紀には記されていませんが、古事記によると、後日、ホムツワケが口がきけるようになったとき、垂仁は出雲の神の宮（出雲大社か）を造らせたといいます。これは垂仁がホムツワケが口がきけないのは出雲の神の祟りだと思っていたからでしょう。このことからも、ホムツワケと出雲の神とのつながりは、出雲の神宝奪取と振根殺害事件がホムツワケ誕生と重なったことに関係があるのではないかと考えられるのです。そしてこのことはホムツワケ誕生が崇神62年であることを裏付けているのです。そうなるとこのときの垂仁の年齢は紀年で34歳なので、三倍暦で実年に換算すると12歳ということになってしまいます。12歳で父親になれるはずはありませんから、三倍暦が正しければ垂仁の誕生年が間違っていると考えざるを得ないのです。

　そこで仲哀天皇のときのように「立太子年齢は実年」であるとした場合、垂仁の誕生年はどうなるのでしょうか？　立太子した年を基準に考えると、誕生年は実年で23年前、紀年で69年前ですから、48 ＋ 60 － 69 ＝ 39　で、開化39年となります。するとホムツワケ誕生時の垂仁の年齢は紀年で83歳、実年で

は 28 歳となり辻褄が合います。また、崇神元年には垂仁は紀年で 22 歳、実年で 8 歳となりますが、崇神紀には「これより先（崇神即位前）、崇神の妃は、活目入彦（垂仁）ら 6 人を生んだ。」と記されていますから、長男の垂仁が 8 歳ならば、この記事も合理的に解釈できるのです。すなわち垂仁前紀よりも崇神紀のほうが正しいということになり、垂仁の場合も誕生年の謎は「立太子年齢実年の仮説」によって説明できるのです。

　また三倍暦で換算すると、サホビコの乱の時のホムツワケの年齢は 4 歳になりますが、サホヒメはホムツワケを抱きかかえて稲城の中に駆け込んだと記されていることとも辻褄が合い、三倍暦の正しさが確認できるのです。

　それではなぜ書紀では垂仁の誕生年を崇神 29 年としたのでしょうか？　おそらく、垂仁の誕生年は他の天皇と同様、本当は記録に残っていなかったのでしょう。書紀の垂仁の誕生年の設定は、おそらく垂仁崩御年齢からの逆算によるものと思われます。すなわち、垂仁 99 年に 140 歳で崩御しましたから、99 ＋ 68 － 140 ＋ 1 ＝ 28 で、崇神 28 年の誕生（1 年のずれはありますが）と推定したのではないでしょうか。つまりこれも立太子年齢が実年であることを知らなかったために生じた間違いなのです。このことから「垂仁天皇の誕生年の謎」も「立太子年齢実年の仮説」によって説明可能であると考えます。

第4節　履中天皇の誕生年の謎

　次に、第17代履中天皇の誕生年について検討してみたいと思います。

　履中天皇の誕生年に関しても大きな問題があります。履中天皇に関する主要な年代記事は次の三つです。

　①仁徳7年、履中（皇子）のために壬生部を定む。
　②仁徳31年、履中立太子（15歳）。
　③履中6年、履中天皇崩御。

　仁徳7年に履中皇子のために壬生部（履中皇子の養育のための領地）を定めた、というのは、この年に履中が誕生したか、もしくは生まれて何年か経過していた、と考えられます。仁徳7年は仁徳天皇が3年間の課税免除の後に高台に登って、「けむり、国に満てり。百姓、自ずからに富めるか。」と言った年であり、疲弊していた国力が回復した年です。それゆえ、壬生部を定めたと考えられ、履中皇子はその前にすでに生まれていたのではないでしょうか。

　ところがそうなると①と②との間には明らかな矛盾が生じます。②の立太子年齢15歳を紀年で数えたものとして履中の誕生年を求めると、履中の誕生は仁徳17年なので仁徳7年には

履中はまだ生まれていないことになってしまうからです。まだ生まれていない履中のために壬生部を定めるはずはありません。どこに間違いがあるのでしょうか?

　この謎を解くカギは、応神40年に応神天皇が皇子の大山守と仁徳を呼んで語った言葉の中にあります。応神40年は応神が亡くなる前の年です。おそらく応神は病の床にあったのでしょう。このとき応神は大山守と仁徳に対して、「汝ら、子愛しきや?」と尋ねました。これに対してふたりの皇子が「はなはだ愛し」と答えると、応神は重ねて「長子と幼子といずれが愛しき?」と尋ねました。これは「私は一番幼いウジノワキイラツコが一番可愛いから彼を後継者にしたいと思っている。お前たちは私の気持ちを汲んで、彼に譲ってやってはくれないだろうか?」という謎かけだったのですが、年長の大山守はそれを理解せず、「当然、長子が一番可愛いです。」と答えたのです。すなわち、年長の自分が皇位を継ぐべきだと主張したのです。それを聞いて応神は嫌な顔をしました。それをみた仁徳が「長子は年を重ねてもはや心配はありませんが、幼子はまだ幼いのではなはだ気がかりです。」と答えると、応神は大いに喜んで、「お前は私の気持ちをよく理解している。」と言って、ウジノワキイラツコを皇太子に、仁徳を皇太子の補佐に、大山守を山川林野の管理者に任命したのでした。年長の大山守が面白かろうはずがありません。応神が亡くなるとすぐにクーデターを起こしてウジノワキイラツコを急襲しますが、返り討ちにあってあえなく命を落としてしまうのです。

さて、この記事からわかることは、応神が「汝ら、子愛しきや？」と仁徳たちに問いかけたとき、仁徳にはすでに子供がいたということです。しかも、応神は畳みかけるように「長子と幼子といずれが愛し？」と聞いていますから、少なくともふたり以上の子がいたはずです。つまり仁徳の長男の履中は応神40年の時点ですでに生まれていて、しかも次男の住吉仲皇子も生まれていたと思われ、「仁徳31年に履中が15歳で立太子」という記事の立太子年齢は紀年で数えたものではないということになるのです。

　そこで仲哀天皇のときのように立太子年齢を実年齢として考えてみましょう。履中の立太子年齢15歳を実年齢とすれば、履中誕生は実年で14年前ですから紀年（三倍暦）では14×3 ＝42で42年前、応神32年生まれとなります。すると応神40年に「汝ら、子愛しきや？」と応神が尋ねたとき、仁徳には紀年で9歳、実年で3歳の履中がいて、おそらく次男の住吉仲皇子も生まれていたでしょうから、「長子と幼子といずれが愛しき？」という問いにも答えることができたのです。すなわち履中の立太子年齢を実年と考えれば、応神天皇40年の応神の問いかけも仁徳7年の壬生部の記事も矛盾なく説明がつくのです。

　以上より履中天皇の年表は図表4－2のようになります。すなわち履中は応神32年に生まれ、仁徳7年には7歳（実年）で壬生部が定まり、仁徳31年に15歳（実年）で立太子、履中1年に34歳（実年）で即位し、履中6年に36歳（実年）で崩御したことになります。

図表4−2 履中天皇の年表

書紀年代	書紀年数	書紀年齢	実年齢	できごと
応神32年 …	01年目	01歳	01歳	履中誕生
応神40年	09	03歳	03歳	「汝ら、子愛しき?」
応神41年	10	04歳	04歳	応神没
空位01年	11	04歳	04歳	
空位02年	12	04歳	04歳	
仁徳01年 …	13	05歳	05歳	仁徳即位
仁徳07年 …	19	07歳	07歳	壬生部を定む
仁徳31年 …	43	15歳	15歳	履中立太子
履中01年 …	100	72歳	34歳	履中即位
履中06年	105	77歳	36歳	履中没

　さて、履中の即位年齢は紀年では72歳ですが、「立太子年齢実年の仮説」では34歳となります。この34歳という年齢は妥当でしょうか?　履中の即位時には住吉仲皇子の反乱がありました。これは履中が即位と同時に黒媛を妃にしようとして弟の住吉仲皇子を黒媛のもとへ使いに出したところ、仲皇子が黒媛を自分のものにして履中に反旗を翻した事件です。72歳の履中が黒媛を妃にしようとしたとは考えにくいので、これは履中34歳のときのできごととした方がよいのではないでしょうか。

　このように、履中天皇の年齢も仲哀天皇のときと同様に、立太子年齢を実年齢と考えたとき、はじめてその誕生年や日本書

紀の記事をうまく説明することができるのです。ここにおいて「履中天皇の誕生年の謎」も「立太子年齢実年の仮説」によって説明可能であると考えます。

第5節　古代天皇の崩御年齢の謎

　古代天皇のうち、仲哀・景行・垂仁・履中の4人の天皇の誕生年について検討した結果、4人の天皇の誕生年の謎は「立太子年齢実年の仮説」によって説明できることがわかりました。すなわち4人の天皇の年齢は立太子までは実年で数えられ、その後は紀年によって数えられていたと考えられるのです。それでは他の天皇についてはどうでしょうか?

　日本書紀に記されている古代天皇の年齢に関するデータを抽出してみると、図表4－3のようになります。これをみて意外だったのは、崩御年齢に空白が目立つことです。19人中11人の崩御年齢しか記されていないのです。第4代から第8代までの天皇の崩御年齢は立太子年齢から計算でもとめることはできますが、直接に記載されているわけではありません。一般的に言われている「100歳以上の古代天皇は12人」というのは日本書紀に記されたものではなく、実は立太子年齢から計算でもとめられたものだったのです。そしてさらに驚くべきことは、即位年齢の記されている天皇がひとりもいないことです。これは日本書紀が即位年齢に対して全く関心のなかったことを示し

ているのではないでしょうか？　それに対して立太子年齢は
19人中15人が記されています。しかも立太子した天皇は16
人ですから、16人中15人の立太子年齢が記されていることに
なるのです。これは日本書紀においては立太子年齢が最も重要
視されていて、崩御年齢がその次で、即位年齢には全く無頓着
だったことを示していると考えられるのです。

図表4－3　古代天皇の年齢（日本書紀）

	立太子年齢	即位年齢	崩御年齢
01.　神武	15		127
02.　綏靖			84
03.　安寧	21		57
04.　懿徳	16		
05.　孝昭	18		
06.　孝安	20		
07.　孝霊	26		
08.　孝元	19		
09.　開化	16		111
10.　崇神	19		120
11.　垂仁	24		140
12.　景行	21		106
13.　成務	24		107
14.　仲哀	31		52
神功			（100）
15.　応神	3		110
16.　仁徳			
17.　履中	15		70
18.　反正			
19.　允恭			
平均年齢	19.2		98.5

そこで立太子年齢をみてみると、立太子年齢の平均は 19.2 歳ですが、これが紀年だとすると実年齢はその三分の一ですから 6.4 歳となって若すぎる気がします。前節までで検討したように、やはり立太子年齢は実年で数えられていたと考えるべきではないでしょうか。

　それを確かめるためにその後の時代の立太子年齢を調べてみました。立太子年齢の記録が確かなのは 30 代以降の天皇ですが、古代天皇の立太子年齢の記された 15 人にそろえて、古い順に 15 人の天皇を抽出しました。その結果は第 38 代天智天皇から第 60 代醍醐天皇までで、その立太子年齢は図表 4 − 4 のようになり、その平均は 20.4 歳でした。これは古代天皇（19 代まで）の立太子年齢の平均 19.2 歳とほぼ同じです。このことから垂仁、景行、仲哀、履中の 4 人だけではなく、19 代までの古代天皇の立太子年齢はすべて実年齢だったのではないかと思われるのです。考えてみればこれはごく自然なことで、古代において天皇は実質的な権力者でしたから、皇子の中から皇太子を選ぶときにはその資質を十分に見極める必要があり、そのためにある程度の年齢に達してから決定していたのではないかと思われます。6.4 歳では若すぎますから、平均 19 歳という立太子年齢はやはり実年齢だったと考えるべきでしょう。すなわち天皇の年齢は皇子の時代は実年で数えられ、立太子してからは在位年数と同様に紀年で数えられていたと考えられるのです。それゆえ実年齢ではない即位年齢は重要視されず、実年で数えられた立太子年齢だけが記録に残されたのでしょう。

図表4－4　立太子年齢（天智〜醍醐）

	代数	天皇名	立太子年齢
1.	38代	天智	20歳
2.	42代	文武	15
3.	45代	聖武	15
4.	46代	孝謙	21
5.	47代	淳仁	25
6.	49代	光仁	62
7.	50代	桓武	36
8.	51代	平城	12
9.	52代	嵯峨	21
10.	53代	淳和	25
11.	54代	仁明	14
12.	55代	文徳	15
13.	56代	清和	1
14.	59代	宇多	15
15.	60代	醍醐	9
平均			20.4歳

　その根拠のひとつがヤマトタケルの年齢です。ヤマトタケル
は16歳のときに熊襲征伐に出征し、その後、蝦夷討伐に出か
けて30歳で亡くなったと記されています。この16歳と30歳
という年齢はいずれも実年齢でしょうから、ヤマトタケルのよ
うに立太子していない皇子の年齢は実年で数えられ、立太子し
てからは紀年（三倍暦）で数えられたのではないでしょうか。
それは皇太子も天皇と同様に神事に携わるゆえ、神事の暦であ
る三倍暦で年を数えられたのでしょう。

古代天皇の年齢が立太子までは実年で立太子してからは紀年（三倍暦）で数えられたとするもうひとつの根拠は仁徳天皇の年齢です。仁徳天皇はその陵墓が日本一の大きさで、古代天皇の中でも最も著名な天皇のひとりであるにもかかわらず、不思議なことにその崩御年齢が不明なのです。父の応神も子の履中もわかっているのに、なぜか仁徳天皇だけがわからないのです。これは仁徳天皇が皇太子でなかったため、その立太子年齢の記録が存在せず、そのために崩御年齢も不明になってしまったのではないでしょうか。もしかしたら古代天皇の年齢に関する記録は立太子年齢が主で、崩御年齢はそこから算出されたものなのかもしれません。そうしてみると、立太子しなかった允恭天皇や立太子年齢の不明な反正天皇の崩御年齢も不明です。立太子しなかったのに崩御年齢がわかっているのは綏靖天皇だけですが、綏靖天皇は神武天皇が亡くなったときの年齢が48歳と記録されているので、そこから計算して84歳とされたのでしょう。

　さて、古代天皇の年齢が立太子までは実年で、その後は紀年（三倍暦）で数えられていたとすると、崩御時の実年齢（崩御実年齢）は三倍暦で算出することができます。それは次式によって計算できます。

　（崩御実年齢）＝（立太子年齢）＋ |（崩御年齢）−（立太子年齢）| ÷ 3

図表 4 - 5　古代天皇の崩御実年齢の推定

	立太子年齢 （日本書紀）	崩御年齢 （日本書紀）	崩御実年齢 （三倍暦）
01. 神武	15	127	43
02. 綏靖		84	28
03. 安寧	21	57	33
04. 懿徳	16	(77)	37
05. 孝昭	18	(113)	50
06. 孝安	20	(137)	59
07. 孝霊	26	(128)	60
08. 孝元	19	(116)	52
09. 開化	16	111	48
10. 崇神	19	120	53
11. 垂仁	24	140	63
12. 景行	21	106	50
13. 成務	24	107	52
14. 仲哀	31	52	38
神功		100	
15. 応神	3	110	39
16. 仁徳			
17. 履中	15	70	34
18. 反正			
19. 允恭			
平均年令	19.2	103.4	46.2

＊（　）内は立太子年齢から計算した年齢。
＊＊（崩御実年齢）＝（立太子年齢）＋｛（崩御年齢）－（立太子年齢）｝÷3

この式を用いて崩御実年齢を求めてみました。ただし、神武天皇は初代天皇なので立太子するはずがありませんから、崩御年齢は三倍暦で数えられたと考えて、127 ÷ 3 ＝ 43（切り上げ）として計算しました。その結果は図表4 − 5のようになり、古代天皇の崩御実年齢は33歳から63歳までで、その平均値は46.2歳となります。この値は崩御年齢が確かな第33代推古天皇から第124代昭和天皇までのすべての天皇の崩御年齢の平均値：50.2歳よりも4歳少なく、妥当な数値と言えるのではないでしょうか。

第五章　三倍暦の痕跡

　暦学者の小川清彦氏によれば、日本書紀は安康天皇の時代から元嘉暦で記載されているとのことです。それならば、それ以降は日本書紀の年代と中国の年代とはピッタリ一致するはずです。たしかに武寧王誕生の年代は書紀と武寧王墓誌とでよく一致していますが、その一方、同じ雄略の時代において、明らかな年代の錯誤が認められるのです。それが「栲幡皇女の悲劇」と「身狭村主青の遣使」です。

　栲幡皇女は雄略の娘で、雄略が即位したのちに生まれているはずなのですが、雄略3年に妊娠を疑われて自殺しているのです。これは明らかな矛盾です。また、身狭村主青は宋に二度派遣されていて、倭王武（雄略）の二度の朝貢に相当すると考えられますが、その年代が雄略8年（464）、雄略12年（468）となっていて、宋書に記された477年、478年の倭王武の朝貢とは10年以上の食い違いがあるのです。これらの年代の錯誤はなぜ生じたのでしょうか？

　私の考えでは安康の時代から元嘉暦が使われ始めたとしても、現代のような高度な情報社会とは違って、ある日から突然、全国で一斉に暦が変わるというようなことは古代においては不可

能だったのではないかと思います。対外的にはともかく、国内では依然として三倍暦が使われていたのではないでしょうか。すなわち、「栲幡皇女」や「身狭村主青」の年代のずれは、対外的には元嘉暦になっても国内では三倍暦の使用が続いていたことが原因なのではないかと思うのです。

　また、「継体天皇の年齢」にも三倍暦の痕跡を認めることができます。継体天皇は57歳で即位したとされていますが、手白髪皇女は20歳そこそこのお姫さまだったはずです。20歳の手白髪皇女に跡継ぎを生ませるために57歳のおじいさんを婿として迎え入れるでしょうか？　私が思うに、継体天皇は実は19歳の青年大王だったのです。

　そしてこの章で私が最も強調したいのが「倭王世子興の正体」です。倭王興は安康天皇であるというのが定説ですが、宋書には「世子興」と記されています。なぜ興だけが世子なのでしょうか？　安康は454年に即位したはずなのに、462年の遣使時になぜ「世子興」と名乗ったのでしょう。興は本当に安康なのでしょうか？

　これらの謎を明快に解き明かした人はまだひとりもいません。私は允恭以前はもちろんのこと、安康以後の時代も国内においては三倍暦が使用されていたと仮定することにより、この4つの謎を解明することができたと考えています。そしてこれによって三倍暦の存在に確かな手ごたえを得ることができたのです。

第1節　栲幡皇女の悲劇

　雄略3年、「廬城部連武彦が栲幡皇女を犯してみごもらせた。」との流言を聞いて、雄略天皇が皇女を問いただしたところ、皇女はこれを否定し、神鏡を持ち出して五十鈴川のほとりに埋め、自殺してしまいました。皇女は雄略天皇の娘で伊勢神社に仕える斎宮ですから、当時の朝廷を震撼させるような大スキャンダルだったと思います。日本書紀には皇女の遺体を解剖したところ「腹の中に物有りて水の如し、水の中に石有り。」と記されています。おそらく、巨大卵巣嚢腫か巨大嚢胞腎のような病気だったのでしょう。これによって皇女の冤罪は晴れましたが、妊娠を疑われた皇女としては自殺して自分の体を解剖に付すしか身の潔白を証明する方法がなかったのかもしれません。

　ところが、この皇女は雄略の妃の韓媛が生んだ娘で、韓媛は雄略の即位時に妃になりましたから、雄略3年の段階では生まれていたとしても1歳か2歳で、妊娠などとうていあり得ない話なのです。それゆえ、このことをもって日本書紀は信用できないとする研究者もいるわけですが、この記事は天皇家にとって何の利益にもならない出来事です。むしろ隠しておきたいようなスキャンダルです。わざわざでっちあげる意味などありませんから、この悲劇は実際にあった出来事だと思われます。大

平裕氏もこの出来事は事実であるとしていますが、年代が合わない理由については、栲幡皇女が雄略の娘ではなく、雄略の父の允恭の娘であり、清寧もまた雄略の子ではなく、允恭の子だからであるとしています。しかし、清寧は別としても栲幡皇女が雄略の娘でない理由はどこにも見当たりません。私はむしろ年代だけが間違っているのではないかと思うのです。なぜこのような矛盾が起こったのでしょうか？

　私は日本書紀の年代の矛盾はその多くが三倍暦で解釈できるのではないかと考えています。雄略天皇の時代は元嘉暦が使用され、三倍暦は使われていなかったはずですが、公式（対外的）には元嘉暦でも、国内ではまだ依然として三倍暦が使われていたのではないでしょうか。そこで、もし安康天皇の時代以降もしばらく三倍暦が使われていたとしたならば、雄略の時代の干支はどうなっていたのかを調べてみました。それが図表5-1です。これによると、栲幡皇女が亡くなった「己亥」の年は三倍暦では西暦475年で、雄略19年に相当します。栲幡皇女は韓媛の第2子ですから、今、仮に、栲幡皇女が雄略3年の生まれだとすると、雄略19年には17歳となります。この年齢は伊勢の斎宮としてはぴったりの年齢ではないでしょうか。

　すなわち、三倍暦の資料にはこのように記されていたと思われます。「雄略の『己亥』の年、栲幡皇女は神鏡を五十鈴川のほとりに埋めて自殺した。」　これをみた日本書紀の編纂者が「己亥」は一倍暦では雄略3年に相当するので、「雄略3年、栲幡皇女自殺。」と記載したのでしょう。その結果、雄略19年の

図表5−1　栲幡皇女の悲劇

西暦	外国資料 一倍暦	外 国 干支	国内資料 三倍暦			書紀 干支	雄略 年代	書紀記事 一倍暦
453		癸巳	辛卯	壬辰	癸巳			允恭没年
454		甲午	甲午	乙未	丙申			安康即位
455			丁酉	戊戌	己亥			
456			庚子	辛丑	壬寅			
457	（雄略即位）	丁酉	癸卯	甲辰	乙巳	丁酉	01	雄略即位
458			丙午	丁未	戊申		02	
459			己酉	庚戌	辛亥	己亥	03	栲幡自殺
460	倭国遣使		壬子	癸丑	甲寅		04	
461			乙卯	丙辰	丁巳		05	
462	倭王世子興	壬寅	戊午	己未	庚申		06	
463			辛酉	壬戌	癸亥		07	
464			甲子	乙丑	丙寅		08	
465			丁卯	戊辰	己巳		09	
466			庚午	辛未	壬申		10	
467			癸酉	甲戌	乙亥		11	
468			丙子	丁丑	戊寅		12	
469			己卯	庚辰	辛巳		13	
470			壬午	癸未	甲申		14	
471			乙酉	丙戌	丁亥		15	
472			戊子	己丑	庚寅		16	
473			辛卯	壬辰	癸巳		17	
474			甲午	乙未	丙申		18	
475	（栲幡自殺）		丁酉	戊戌	己亥		**19**	
476			庚子	辛丑	壬寅		20	
477	倭国遣使	丁巳	癸卯	甲辰	乙巳		21	
478	倭王武上表	戊午	丙午	丁未	戊申		22	
479			己酉	庚戌	辛亥		23	雄略没年
480			壬子	癸丑	甲寅			清寧即位

記事が雄略3年に記されることになってしまったのではないでしょうか。すなわちこれもまた三倍暦の干支と一倍暦の干支を混同したことにより生じた転記ミスではないかと考えられるのです。「直支王の幽霊」の時には百済記の一倍暦の干支の記事を原日本書紀の三倍暦の干支に合わせて書き込んだために生じた転記ミスでしたが、今回は国内資料に記された三倍暦の干支の記事を日本書紀の一倍暦の干支に書き込んだために生じた転記ミスと考えられるのです。

　このように、「栲幡皇女の悲劇」も「干支の混同による転記ミス」で理解が可能であり三倍暦で解釈できることから、雄略の時代には一倍暦と並行して三倍暦も使用されていたのではないかと考えます。そしてこのことは雄略以前に三倍暦が使用されていたことの有力な根拠になるのではないでしょうか？　さらにまた、「身狭村主青の遣使」や「倭王世子興の正体」を解き明かす上でも重要なカギになると考えます。

第2節　身狭村主青の遣使

　雄略紀の遣使の年代も外国資料との間に大きな食い違いが認められます。雄略紀の呉（宋）との通好記事は次の5件です。

① 雄略06年（壬寅）「呉国、使いを遣して貢献す。」
② 雄略08年（甲辰）「身狭村主青等を呉国へ遣す。」

③ 雄略10年（丙午）「身狭村主青等、呉より鵞を持ち帰る。」

④ 雄略12年（戊申）「身狭村主青等を呉へ遣す。」

⑤ 雄略14年（庚戌）「身狭村主青等、呉より帰る。」

　高城氏はこれについて、「雄略6年の記事から二年毎のできごととされるなど、作為が見える。」としています。確かにこれらの5件の遣使記事はすべて2年間隔になっていて、一見、互いに関連があるようにみえます。すなわち、初めに呉国からの朝貢の使いがきて、それに対する答礼の使節を2回派遣したようにみえるのです。が、実は全く異なるふたつの遣使記事であると考えます。

　①の「呉国の遣使貢献」は干支の一致から、462年（壬寅）の倭王世子興の遣使に関係したことであろうと考えられます。おそらくその2年前の460年の遣使が倭王世子興によるもので、それに対する答礼の使者が462年に呉（宋）から日本へ来たのでしょう。それを書紀は「呉国の遣使貢献」として記したのであろうと思われます。

　同様の宋の朝貢記事が仁徳58年にもみられます。すなわち「（仁徳58年）冬10月に呉国・高麗国、並びに朝貢」の記事です。仁徳58年を三倍暦で西暦に換算すれば426年ですが、425年に倭王讃が宋に朝貢しているのです。したがって仁徳58年の呉の朝貢記事も実際は倭の朝貢に対する答礼の使節であったと思われます。

　ところで「壬寅」（西暦462年）の宋書の倭王世子興の記事

が、日本書紀の「壬寅」（雄略6年）に記載されていて、しかも西暦年代も一致していることは、書紀の年代と干支が宋の年代と干支にぴったり一致していることを示していて、雄略の時代には日本でも宋と同じ元嘉暦が使われていたことを示すものであると思います。すなわち雄略6年の呉国貢献の記事は元嘉暦で記されたものなのです。

　問題は②、③、④、⑤の身狭村主青等の遣使の記事です。身狭村主青は二回呉へ派遣されていますから、これはおそらく倭王武の二回の朝貢（477、478年）と関係する記事であろうと思われますが、雄略8年〜14年は西暦464年から470年に相当するため、倭王武の朝貢年代（477年、478年）とは一致しません。この不一致はなぜ生じたのでしょうか？

　私はここでも栲幡皇女の時のような「干支の混同による転記ミス」があったのではないか、と考えました。すなわち、日本書紀の年代は安康以降では一倍暦で記されていますが、「栲幡皇女の悲劇」でも述べたように、国内ではまだ依然として三倍暦が使われていて、その三倍暦で記された記録が「干支の混同による転記ミス」によって書紀の一倍暦の年表に書き込まれてしまったのではないでしょうか。

　もし国内でまだ三倍暦が使われていたとすると、477年と478年（倭王武の朝貢）の三倍暦の干支は図表5－2のようになります。すなわち、477年の三倍暦干支は「癸卯」「甲辰」「乙巳」となり、雄略8年の「甲辰」が含まれます。また、478年の三倍暦干支は「丙午」「丁未」「戊申」となり、雄略10年

図表5－2　身狭村主青の遣使

西暦	外国資料 一倍暦	外国 干支	国内資料 三倍暦				書紀 干支	雄略 年代	書紀記事 一倍暦
453		癸巳	辛卯	壬辰	癸巳				允恭没年
454		甲午	甲午	乙未	丙申		甲午		安康即位
455			丁酉	戊戌	己亥				
456			庚子	辛丑	壬寅				
457	（雄略即位）	丁酉	癸卯	甲辰	乙巳		丁酉	01	雄略即位
458			丙午	丁未	戊申			02	
459			己酉	庚戌	辛亥		己亥	03	梼幡自殺
460	倭国遣使		壬子	癸丑	甲寅			04	
461			乙卯	丙辰	丁巳			05	
462	倭王世子興	壬寅	戊午	己未	庚申		壬寅	06	呉国貢献
463			辛酉	壬戌	癸亥			07	
464			甲子	乙丑	丙寅		甲辰	08	身狭遣使
465			丁卯	戊辰	己巳			09	
466			庚午	辛未	壬申		丙午	10	身狭帰国
467			癸酉	甲戌	乙亥			11	
468			丙子	丁丑	戊寅		戊申	12	身狭遣使
469			己卯	庚辰	辛巳			13	
470			壬午	癸未	甲申		庚戌	14	身狭帰国
471			乙酉	丙戌	丁亥			15	
472			戊子	己丑	庚寅			16	
473			辛卯	壬辰	癸巳			17	
474			甲午	乙未	丙申			18	
475	（梼幡自殺）		丁酉	戊戌	己亥			19	
476			庚子	辛丑	壬寅			20	
477	倭国遣使	丁巳	癸卯	甲辰	乙巳			21	
478	倭王武上表	戊午	丙午	丁未	戊申			22	
479			己酉	庚戌	辛亥			23	雄略没年
480			壬子	癸丑	甲寅				清寧即位

の「丙午」と雄略12年の「戊申」が含まれるのです。すなわち、身狭村主青の遣使の「甲辰」「丙午」「戊申」「庚戌」の4干支は実は三倍暦で数えた朝貢年代だったのではないかと考えられるのです。

　おそらく国内の資料には三倍暦で次のように記されていたのでしょう。

　雄略の「甲辰」の年（477年）、身狭村主青等を呉国に遣す。
　雄略の「丙午」の年（478年）、身狭村主青等、呉より鵞を
　　　持ち帰る。
　雄略の「戊申」の年（478年）、身狭村主青等を呉へ遣す。
　雄略の「庚戌」の年（479年）、身狭村主青等、呉から帰る。

　これをみた書紀の編纂者が書紀に書き込むとき、三倍暦の干支を一倍暦の干支と勘違いして書き込んだため、図表5－2に示すように477年から479年までの国内資料の記事が雄略8、10、12、14年に書き込まれる結果になったのであろうと思われます。

　このことから身狭村主青の4回の遣使記事の年代錯誤は、国内資料に記された三倍暦の干支の記事を一倍暦の日本書紀に書き込む時におこった「干支の混同による転記ミス」であろうと考えます。そしてこのことは「身狭村主青の遣使」の年代のずれも「栲幡皇女の悲劇」と同様に、雄略天皇の時代に依然として国内では三倍暦が使われていたことを示す証左なのではない

でしょうか。そして、このように元嘉暦が使用されていた雄略の時代に三倍暦も併用されていたことは、とりもなおさず允恭以前に三倍暦が使われていたことの名残であると考えることができると思うのです。

第3節　倭王世子興の正体

　倭の五王のうち、武は雄略、興は安康、済は允恭でほぼ確定的とされていますが、「興は安康」には問題があると考えます。暦学者の小川清彦氏の研究によれば、安康3年（西暦456年）から日本書紀の年代は元嘉暦で記されていて、これ以降、中国と日本の年代が一致しているとのことですから、倭王世子興が朝貢した西暦462年は雄略6年となり、6年前に安康はすでに亡くなっているため、462年に遣使した「倭王世子興」は安康ではないということになるからです。

　大平裕氏は『暦で読み解く古代天皇の謎』（＊23）の中でこの問題を取り上げ、「安康天皇の場合は先帝の皇太子（木梨　軽皇子）である同母兄との皇位継承戦争が勃発しました。（中略）しかし、最後には、父の死の真相を知った眉輪王によって殺害されてしまうといった、朝廷内での不祥事が続き、南宋への朝貢どころではありませんでした。従って『宋書』には安康天皇という存在はなく、当然のことながら記録には残りません。よって次の天皇の『興』は安康天皇ではなく、雄略天皇になり

ます。南宋より元嘉暦が招来され、『日本書紀』の紀年が、雄略元年1月より同暦により記録され、雄略天皇の元年が西暦換算457年であることからも裏付けられます。」と述べています。

たしかに大平氏の言う通り雄略元年が457年であれば、462年の「倭王世子興の朝貢」は安康ではあり得ません。このことは歴史学者の倉西裕子氏（＊6）も主張しておられますが、従来の学会の定説をひっくり返すような重大な指摘であると思います。しかしながら462年の朝貢が安康でなかったとしても、それだけで『興』が雄略であると言い切れるのでしょうか？　仮に『興』が雄略としても、なぜ「世子」なのでしょうか？「世子」とは世継ぎのことですが、462年は雄略6年であり、雄略が即位してから6年も経っているのですから「世子」であるはずがありません。堂々と「倭王興」と名乗ればいいのです。なぜ、「世子興」といったのでしょうか？　また、「興」が雄略ならば「武」はいったい誰なのでしょうか？　大平氏は『武』は22代の清寧天皇だといいます。清寧天皇の諱が「白髪武広国押稚日本根子天皇」であり、「武」の文字が含まれていることなどを根拠としているのですが、そこにはいくつかの問題があります。

第一に、大平氏は「清寧は雄略の弟である」といいます。その根拠として清寧の妹の栲幡皇女が雄略3年に懐妊の疑いをかけられて自殺したことを挙げ、年齢から考えて栲幡も清寧も雄略の子ではなく允恭の子であり、したがって清寧は雄略の弟だというのです。しかし第五章第1節「栲幡皇女の悲劇」で論証

134

したように、梓幡の亡くなった「己亥」の年は三倍暦の「己亥」であり、西暦477年で梓幡が17歳頃のことなのです。したがって日本書紀の編纂者が梓幡の自殺を雄略3年としたことが間違いなのであり、梓幡も清寧も雄略の子であることに問題はないと考えられるのです。

　第二に、大平氏は武の上表文の「にわかに父兄を失い」の「父兄」は「父と兄」ではなく「家長である兄」の意味で、雄略ひとりのことであり、武(清寧)の兄の雄略が亡くなったことを意味しているというのですが、それでは文脈上に無理が生じることになると思います。第一章第2節で示したように、武の上表文には「私の亡き父の済は高句麗に攻め込もうとしたが、突然、父兄を失い」とあり、もし「父兄」を「雄略ひとり」と解するならば、「父の允恭が高句麗に攻め込もうとしたが、突然、兄の雄略が亡くなってしまい」という文章になって、攻め込もうとしたのは允恭だが、亡くなったのは雄略ひとりとなって辻褄が合わなくなるからです。しかも安康天皇の存在が見えなくなってしまいます。ここはやはり、「突然、父と兄が亡くなってしまい」と解釈するのが自然ではないでしょうか。そうなると父は允恭、兄は安康ということになるのです。

　第三に、武の上表文は明らかに朝貢が遅れたことの言い訳をしています。高城修三氏も『日出づる国の古代史』(＊8)の中で、「即位16年後に遣使している雄略天皇の場合、上表文において遣使の遅れた理由をくだくだと述べて謝罪している」と言っていますし、宝賀寿男氏も『「神武東征」の原像』(＊9)の中で同

様のことを述べています。もし大平氏が言うように、477年に雄略が亡くなり、478年に清寧が即位して上表文を送ったのであれば即座に対応しているわけですから「父兄が急に亡くなって喪に服していたため、身動きがとれなかった。」と言い訳する必要は全くないはずです。やはり従来の通説どおり「武」は雄略でよいと考えます。

　それでは「興」はいったい誰なのでしょうか。高城氏は「462年3月の遣使が宋書の伝えるように倭王世子（世子は柵封国の太子をいう）によるものならば、（興は）木梨軽太子もしくは安康天皇か、後事を託した市辺押磐皇子の可能性が高」いと述べています。すなわち「興」の候補者は、木梨軽太子、安康、市辺の3人に絞られるというのです（図表5-3）。明治の歴史学者の菅政友氏は「世子」として朝貢しているのは興だけなの

図表5-3　仁徳から雄略までの系図

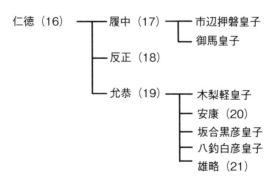

　　＊　（数字）は天皇の代数

136

で、興は即位していなかったと考え、履中の第一皇子である市辺押磐皇子を興に比定しました。私も「倭王世子興」が決め手になると考えます。倭の五王の中で、興以外は讃も珍も済も武もひとりとして世子（跡継ぎ）として朝貢したものはいません。みな、即位してから朝貢しているのです。なぜ、興だけが世子として朝貢したのでしょうか？　何らかの理由で即位できない事情があったからではないでしょうか。

これについては河内春人氏もその著『倭の五王』（＊25）の中で次のように述べています。

「注目すべきは派遣してきたときの興の立場である。倭国王の世子として派遣してきている。珍や済との違いを比べてみよう。珍のときは『讃が死に、弟の珍が立った。遣使して貢献してきた』とあり、国内で即位してから派遣した。済のときも『倭国王済が遣使して奉献してきた』とあり、派遣時点で倭国王を名乗っている。つまり、珍や済の最初の派遣は、彼らがすでに倭国における王として即位した後のことであり、そのうえで宋によって正式に倭国王に冊封された。ところが興は、世子として王を名乗らないまま遣使してきているのである。」

そして河内氏は百済の辰斯王も世子として朝貢したことを例に挙げています。

「枕流王が即位すると、息子の阿莘が世子（『三国史記』では「太子」とする）に立てられた。ところが枕流王もすぐに死去し、幼い阿莘の即位は見送られ、叔父の辰斯王が即位した。王位簒奪が事実かどうかははっきりしないが、辰斯王の即位は予

定外のことであり、王としての立場が不安定であったことは間違いないだろう。そこで辰斯は自らを枕流王の後継者として百済王世子の名目で386年に東晋に遣使した。その冊封を受けることで東晋の権威を身にまとい、自身の権力基盤を強化したうえで即位したのである。」

「そうした事例を一般化すると、世子と称して使節を派遣する場合、その人物は即位にあたって何らかの事情を抱えており、中国に冊封されてからその権威を背景にして国内で即位するという手順を経ることがあった。何も問題がない場合、国内で即位してから宋に派遣し、冊封を受ければいいだけである。つまり興が世子を名乗って使節を派遣したことは、興は国内で即位が容易に認められない政治的事情を抱えこんでおり、そのような状況を打破するために宋に遣使したことを示唆している。」

「なぜ興は宋に対して世子という政治的地位を示す一方で、済との父子関係を強調しなかったのかが問われる。このあたりに世子興の問題を解くカギがありそうだが、残念ながら信頼できる史料はない。」

このように河内氏は興が済の子であることに疑問を投げかけているのです。氏は「残念ながら資料がない。」と述べていますが、実はこの時期、允恭の皇子以外に世子（世継ぎ）に相当すると思われる人物がひとりだけ存在するのです。それが菅政友が興に比定した市辺押磐皇子です。日本書紀には雄略が市辺押磐皇子を殺した理由として、「安康が市辺に後事を託したことを恨んで」と書かれています。もしかしたら安康は自分の後

継者として市辺を指名していたのかもしれません。それゆえ市辺押磐皇子は自らを「世子」と称して宋に遣使することができたのだと思います。これが462年の「倭王世子興」の正体なのではないでしょうか。

東洋史学の岡田英弘氏は『倭国の時代』（＊27）の中で、「坂合黒彦（さかひのくろひこ）も、八釣白彦（やつりのしろひこ）も、御馬皇子（みまのみこ）も、すべて大和の内で、雄略天皇の武力によって滅ぼされるのに、市辺押磐皇子（いちべのおしはのみこ）だけは遠く離れた近江で、しかも平和な狩猟の最中に暗殺されることになっていて、どうも全体の非常時の雰囲気としっくり合わない。」と述べています。私も同感で、書紀には眉輪王事件と市辺押磐皇子殺害事件は連続しておこったできごとのように書かれていますが、実際はこのふたつの事件の間にはかなりの時間的隔たりがあったのではないでしょうか。眉輪王事件が起きた年は安康天皇が亡くなった年ですから、喪に服していなければならないはずです。そんな時に眉輪王とふたりの兄を殺した雄略に誘われて、市辺がのこのこと狩りに出かけるのはあまりにも不自然だと思うのです。市辺押磐皇子の殺害事件は岡田氏の言うように眉輪王事件の数年あとのできごとなのではないでしょうか。

以下は私の推測です。

雄略は安康の仇を討った時、すぐには即位できなかったのだと思います。その理由は雄略が即位するにはあまりにも若すぎたからです。古事記には、「安康が亡くなった時、雄略は童子だった。」と記されているのです。このことは今まであまり問

図表5－4　雄略押磐天皇と市辺押磐皇子

西暦	干支	宋書	書紀記事	雄略年令	書紀年（三倍暦）		
440年	壬子		允恭即位		壬子	癸丑	甲寅
441					乙卯	丙辰	丁巳
442			雄略誕生	01歳	戊午	己未	庚申
443		倭王済朝貢			辛酉	壬戌	癸亥
444					甲子	乙丑	丙寅
445					丁卯	戊辰	己巳
446					庚午	辛未	壬申
447					癸酉	甲戌	乙亥
448					丙子	丁丑	戊寅
449					己卯	庚辰	辛巳
450					壬午	癸未	甲申
451		倭王済朝貢			乙酉	丙戌	丁亥
452					戊子	己丑	庚寅
453			允恭没	12歳	辛卯	壬辰	癸巳
454	甲午		安康即位		甲午	乙未	丙申
455					丁酉	戊戌	己亥
456			**安康没**	⑮歳	庚子	辛丑	壬寅
457	丁酉		市辺執政		癸卯	甲辰	乙巳
458			（同上）		丙午	丁未	戊申
459			（同上）		己酉	庚戌	辛亥
460		倭国貢献	（同上）		壬子	癸丑	甲寅
461	辛丑		市辺殺害事件	20歳	乙卯	丙辰	丁巳
462		倭王世子興			戊午	己未	庚申

題にされてきませんでしたが、三倍暦の年表でみると安康が亡くなった時の、雄略の年齢は15歳ぐらいだったと思われます（図表5－4）。そのため雄略は眉輪王事件解決の最大の功労者でありながらすぐには即位できず、安康に後事を託されていた市辺押磐皇子が天皇の代理として政務を取り仕切ることになったのでしょう。それが457年から461年までの時期で、天皇位は空位のまま、市辺が暫定的に執政していたのだと思います。後に市辺の子の顕宗が潜伏先の播磨の国で名乗り出た際、「市辺の宮に天の下治しし押磐の尊（市辺）の子である。」と言った言葉は、このときの市辺押磐皇子の執政のことを意味していたのではないでしょうか。この時期、雄略は自分が成人に達すれば即位できると思っていたのでしょう。もしかしたら、そのような約束がなされていたのかもしれません。しかし、市辺はその前に宋へ朝貢し、宋から倭国王の叙任を得て既成事実を作り、それを根拠に即位しようと考えたのではないでしょうか。それが460年の倭国の朝貢で、このとき市辺は「倭王世子興」と名乗ったのだと思います。ところがそのたくらみが雄略の知るところとなり殺害されてしまったのでしょう。

　古事記には雄略と市辺が狩りに出かけた時のこととして、朝早く雄略の宿に来た市辺が「夜もあけた。さあ、早く出かけようではないか。」と言った際、雄略の家来たちが雄略にむかって「用心なさいませ。しっかり武装なさいませ。」と言ったと書かれています。自分たちで市辺を狩りに誘い出しておきながら、なぜ市辺に対してこのような強い警戒心を抱いていたので

しょうか。それは市辺が次の皇位を狙っていることを雄略側が察知して、やられる前に先手を打とうとしていたからではないでしょうか。

　さて、雄略が正式に即位したのは461年頃であろうと思われます。丁度この頃に雄略が20歳になるからです。雄略は即位後すぐに宋に朝貢しようとしたのでしょうが、丁度その矢先（462年）に宋から「興を倭国王に任ず。」の詔書が届いたため、朝貢を断念せざるを得なかったのでしょう。興を殺害したのがほかならぬ雄略本人だったからです。しかし、475年に百済が高句麗に滅ぼされるや、雄略は宋に上表文をおくり、叙任と高句麗攻略を求めました。その上表文に朝貢が遅れた言い訳をくどくどと書いているのは、このようないきさつがあったからにほかなりません。

　ちなみに藤堂明保氏訳注の『倭国伝』（＊21）をみると、現代語訳には「わたしの亡父済は、かたき高句麗が中国への往来の路を妨害していることを憤り、弓矢をもつ兵士百万も正義の声をあげて奮い立ち、大挙して高句麗と戦おうとしたが、その時思いもよらず、父済と兄興を喪い、いま一息で成るはずの功業も最後の一押しがならなかった。」とし、「父済と兄興」としていますが、その原文をみると、「臣亡考済、実忿寇讎、壅塞天路、控弦百万、義声感激、方欲大挙、庵喪父兄、使垂成之功、不獲一簣。」とあり、「亡考済」（亡き父の済）とはありますが、「喪父兄」と書かれ、「兄の興」とは書かれていません。それどころか「興」の字は一度も出てこないのです。まるで巧妙に

142

「興」を避けているかのようです。これは「興」が安康ではなく、雄略が殺した市辺押磐皇子だった証拠ではないでしょうか。

　ところで市辺皇子の殺害事件は 460 年の倭国貢献と 462 年の「倭王世子興」の間の 461 年頃で、安康死亡後の 457 年から 460 年までは市辺皇子の執政と考えられるのですが、それが日本書紀ではなぜなくなってしまったのでしょうか？　ひとつの考え方としては、雄略が市辺執政の 4 年間を自分の在位期間に取り込んでしまったのではないか、というものです。市辺は即位していなかったので、それも可能だったと思われます。もうひとつの考えは、この時期、一倍暦と三倍暦の両方が使われていたために干支の混乱があったのではないか、というものです。140 ページの図表 5 - 4 をご覧ください。市辺押磐殺害事件は宋からの使者が来る前年の 461 年と考えられますが、461 年は一倍暦では「辛丑」です。ところが安康が亡くなったのは 456 年 8 月 9 日で、三倍暦では丁度「辛丑」にあたるのです。つまり、三倍暦で「安康が辛丑の年に亡くなった」という記録があり、これとは別に一倍暦で「市辺が辛丑の年に殺された」という記録があったために、編纂者が安康と市辺は同じ年に亡くなったと勘違いしてしまったのではないでしょうか。そのため市辺押磐皇子の殺害事件は安康が亡くなった安康 3 年（456 年）に書き込まれてしまい、その結果、市辺執政の 4 年間が自然消滅してしまったと考えることもできるのではないかと思います。すなわち、461 年の市辺殺害事件が安康没年（456 年）に書きこまれたのは、「辛丑」を同一視した「干支の混同による転記

ミス」の可能性があるのです。

　いずれにしても市辺の執政を想定することにより、顕宗が身分を明かした際の「市辺の宮に天の下治しし押磐の尊の子」という言葉も理解できますし、市辺が雄略の誘いにのってうっかり狩りに出かけてしまった状況も理解しやすくなります。おそらく市辺としては宋から詔書が届くまでは雄略を油断させておきたかったのでしょう。さらに西暦460年の倭国の朝貢も市辺が執政期間中に倭王世子興として宋に送った遣使と考えればつじつまが合うのです。

　以上より、「倭王世子興」は市辺押磐皇子であると考えます。雄略の即位は実際は461年ですが、457年から461年までの市辺押磐皇子の執政期間が雄略の在位期間に取り込まれてしまった結果、雄略の在位期間は457年から479年までの23年間となったのではないかと考えます。

第4節　雄略天皇の年齢の謎

　倭王世子興を市辺押磐皇子とする前節の推理のポイントは古事記に記された「その時、雄略は童子だった。」という言葉でした。雄略は若すぎたために皇位に就くことができず、成人するまでの間、市辺が執政したという仮説なのです。この「雄略は童子だった」という古事記の記載は確かなことなのでしょうか？　日本書紀には「童子」の記載はなく、計算では39歳に

なるのですが、書紀の 39 歳よりも古事記の「童子」の方が正しいのです。なぜなら、この頃雄略は婚活をしているからです。安康は雄略に大草香皇子の妹を娶せようとしていますし、雄略は葛城 円 大臣に娘の韓媛を妃に差し出すよう要求しています。この大草香皇子の娘と韓媛が雄略の最初の皇后と妃ですから、このときまで雄略は独身だったのです。精力絶倫と自他ともに認める雄略が 39 歳まで独身でいたとはとうてい考えられませんから、古事記のほうが正しいと思います。眉輪王事件の際、雄略は兄の八 釣 白 彦 皇子の襟をつかんで引きずり出して殺したり、坂合黒彦皇子と眉輪王と円大臣を一緒に焼き殺したりと、相当に乱暴なことをしていますが、実は 15 歳〜 16 歳の少年だったのです。それゆえ「ワカタケル」と呼ばれたのでしょう。

　雄略天皇の年齢は倭王世子興の謎を解くのに重要ですが、日本書紀の年代の謎を解き明かす上でも重要な鍵となります。なぜなら雄略天皇はその誕生年が明記されているからです。したがって雄略天皇の年齢を調べることにより書紀の年齢の数え方がわかるのではないかと考えられるのです。

　『よみがえる神武天皇』(＊26) を著した牧村健志氏も雄略天皇の年齢について考察しています。牧村氏は二倍暦説を唱えていますが、その根拠について「雄略帝の崩御年齢を古事記 124 歳、日本書紀 62 歳と記しているのは春秋二倍暦が使われていた決定的な証拠である。」と述べています。雄略天皇の年齢が日本書紀では 62 歳なのに対して、古事記ではその丁度二倍の 124 歳と記されているのは、雄略の年齢を日本書紀が一倍暦で

数え、古事記が二倍暦で数えていたからだというのです。これは一見、「二倍暦説」の決定的な証拠のようにみえますが、よく考えてみるとそうではないことがわかります。図表5－5をごらんください。牧村氏が「62歳」というのは雄略が允恭7年生まれなので、允恭が亡くなった允恭42年には36歳、安康が亡くなった安康3年には39歳、雄略が亡くなった雄略23年には　39＋23＝62　で62歳という計算なのだと思いますが、これは雄略の実年齢ではありません。なぜなら日本書紀において允恭年間は元嘉暦（実年）ではなく古代暦（紀年）で数えられているからです（第一章第1節を参照）。

　允恭年間が古代暦で数えられていることは「倭の五王」からも証明できます。允恭は「倭の五王」の済に比定されていますが、済の即位は珍の遣使（438年）の後で、済の遣使（443年）の2〜3年前ですから440年頃となります。そしてその没年は倭王世子興の遣使（462年）の前ですから、その在位年数は462－440＝22　で、22年を超えることはないのです。ところが書紀では允恭の在位年数は42年となっていて明らかに延長されていますから、允恭年間は古代暦で数えられていたと考えられるのです。それではその古代暦は二倍暦だったのでしょうか、それとも三倍暦だったのでしょうか？

　図表5－5の「二倍暦説」と「三倍暦説」の項は、允恭年間が古代暦で数えられていたとして、その古代暦が二倍、三倍暦のそれぞれの場合に雄略の実年齢が何歳になるのかを示したものです。もし古代暦が牧村氏の言うように二倍暦ならば、

図表5−5 雄略天皇の実年齢（二倍暦説と三倍暦説）

年代	できごと	牧村説 *1	二倍暦説 *2	三倍暦説 *3
允恭 07 年	雄略誕生	1 歳	1 歳	1 歳
允恭 42 年	允恭崩御	36 歳	18 歳	12 歳
安康 03 年	安康崩御	39 歳	21 歳	15 歳
雄略 23 年	雄略崩御	62 歳	44 歳	38 歳

*1 牧村説の年齢は、雄略誕生から崩御までをすべて一倍暦で数えた場合の実年齢。

*2 二倍暦説の年齢は、雄略誕生から允恭崩御までが二倍暦、それ以後が一倍暦で数えられていた場合の実年齢。

*3 三倍暦説の年齢は、雄略誕生から允恭崩御までが三倍暦、それ以後が一倍暦で数えられていた場合の実年齢。

「二倍暦説」の項に示すように允恭 42 年の時点で雄略は 36 ÷ 2 = 18 で 18 歳（実年齢）となり、雄略 23 年には 18 ＋ 3 ＋ 23 = 44 で 44 歳（実年齢）となるはずです。これを二倍暦で数えれば 88 歳で、古事記の 124 歳とは大きく食い違ってしまうのです。したがって二倍暦説が成立する根拠にはなり得ません。

　それでは古代暦が三倍暦の場合はどうでしょうか？ 「三倍暦説」の項に示すように雄略は允恭 42 年には 36 ÷ 3 = 12 で実年齢は 12 歳です。安康 3 年には 15 歳、雄略 23 年には 38 歳となり、三倍暦で数えると　38 × 3 = 114　で 114 歳となり、古事記の 124 歳とは一致しませんが二倍暦の 88 歳よりはかなり近い値となります。そして注目すべきことは安康崩御時（安康 3 年）の雄略の年齢です。二倍暦では 21 歳ですが、三倍暦

では 15 歳になるのです。古事記の「その時（安康が亡くなった時）雄略は童子だった。」という記述にぴったり合致するのは三倍暦の方ではないでしょうか？　このことからも允恭年間は二倍暦ではなく三倍暦が使われていたと考えるべきだと思います。

第5節　飯豊皇女の謎

　「倭辺に　見が欲しきものは　忍海の　この高城なる　角刺の宮」

　（大和のあたりで見たいものは、忍海の地のこの高城にある角刺の宮である）

　この詞は史上初の女性天皇の誕生を祝した詞なのではないかという説があります。角刺の宮というのは第 22 代清寧天皇の没後に政務を司った飯豊皇女の宮のことです。飯豊皇女は日本書紀では天皇の扱いを受けてはいませんが、一時期、天下の政務を取り仕切っていたことは確かなことのようで、顕宗と仁賢の兄弟が皇位を譲り合っていたとき、その空位の間に天皇の代理を務めていたらしいのです。それは飯豊皇女が清寧の叔母であったからという説や顕宗の姉だったからという説もありますが、真相は不明です。けれども飯豊皇女の本当の謎は清寧紀の次の箇所であると思います。

「清寧天皇の3年、秋7月に飯豊皇女が角刺の宮にて初めて夫と交わった。人に語って言った。『わずかばかり女の道を知った。何も変わったことはないようだ。もう二度と男と交わろうとは思わない。』」

この記事がなぜ突然、清寧紀に現れるのか、いったいどういう意味なのか、私にはさっぱり訳が分からなかったのですが、岡田英弘氏の『倭国の時代』（＊27）を読んで、はじめて合点がいきました。岡田氏は次のように述べています。

「『日本書紀』のようなまじめな史書が、なぜこんな無意味な話を載せるのか、このままでは理由がわからないが、不思議なのは、この皇女の夫が誰だったのか、どこにも書いてないことである。一代に数えないとはいえ、かりにも忍海の角刺の宮に天下を治めた女帝である。誰と結婚したのかぐらい記すのが当たり前だろう。

不思議といえば、清寧天皇もわけがわからない人である。『清寧天皇紀』には、『子がないことを残念に思って、大伴の室屋の大連を諸国に遣わして、白髪部の舎人・白髪部の膳夫・白髪部の靫負を置いた。名前を残して後世に忘れられないようにと願ったのである。』と記している。白髪は清寧天皇の本名だが、『清寧天皇紀』をよく見ると、皇后はおろか、妻妾についてはいっさい書いていない。結婚もしないでおいて、子どもができないと嘆くのも変な話である。

この疑問の答えは簡単だ。この話の原形では、飯豊皇女は清寧の皇后だったのである。ところが皇后が冷淡なので子どもが

できない。清寧天皇の死後、飯豊皇后が即位して、日本で最初の女帝になり、この人を通じて皇位は兄の顕宗・仁賢に伝わり、こうして第三王家が誕生したのである。これが『日本書紀』の原史料での話の筋だった。」

　実に明快な解釈ではないでしょうか。ちなみに岡田氏は飯豊が市辺押磐皇子の娘で顕宗の妹だったとしています（図表5－6）。岡田氏の説に付け加えるならば、継体紀の次の記事が「飯豊が清寧の皇妃であったこと」を裏付けていると思います。継体紀には大伴金村の奏上として次のように記されています。

　「古来、国王の治世にあたっては、たしかな皇太子がなければ天下をよく治めることができず、睦まじい皇妃がなければよい子孫を得ることができないと聞いております。そのとおり、

図表5－6　仁徳から武烈までの系図

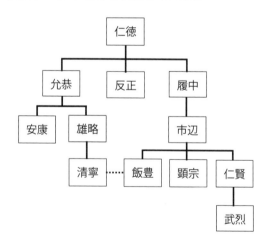

白髪天皇（清寧天皇）は、皇嗣が無かったために、私の祖父の大伴大連室屋を遣わし、くにごとに三種の白髪部を置いて、後世に天皇の名を残そうとなさいました。いたましいことではございませんか。」

　すなわち、「睦まじい皇妃がなければよい子孫ができない」ことの例証として清寧天皇の話を挙げているのです。それでは清寧天皇はなぜ皇妃（飯豊皇女）と仲がよくなかったのか？その理由は飯豊皇女の父の市辺押磐皇子が清寧の父の雄略にだまし討ちにあって殺されたからだと思います。飯豊皇女は父親を殺した雄略を生涯許せなかったのでしょう。それゆえ雄略の子である清寧の子など絶対生むまい、雄略の血筋を残すまい、と決意したのではないでしょうか。しかし、それならば清寧は他の女性を妃にして子を作ればよさそうなものですが、清寧にはそれができませんでした。なぜなら清寧の母の韓媛も父親の円大臣を雄略によって目の前で焼き殺されているからです。清寧は幼い頃に母親からその話を繰り返し聞かされていたのではないでしょうか。それゆえ母親と同じ目にあった飯豊皇女に対して同情の気持ちが強く、他の妃も娶れないでいるうちに若くして亡くなってしまったのでしょう。結果として飯豊皇女は雄略の血統から皇位を奪い取り、兄の顕宗・仁賢に伝えることになりました。これが飯豊の作戦だったとしたら大変な女傑ということになるでしょう。それゆえ当時の人々は「倭辺に見が欲しきものは……角刺の宮」と歌ったのではないでしょうか。

　このように一見無意味と思われるような話にも、その背景の

事情がわかれば納得できる記事がたくさんあるのではないかと思います。もしも日本書紀が机上の創作であるならば、このような一見して意味不明の記事を作り出す必然性がいったいどこにあるというのでしょうか。

　そして、この話は清寧天皇の性格を知る上でも重要です。大平氏（＊23）のように清寧天皇を倭王武に比定する説もありますが、この話を見る限り清寧は朝鮮に出兵して高句麗と決戦しようというような気概のある天皇にはとても思えません。倭王武の上表文はやはり雄略が書いたものと考えるべきだと思います。

第6節　清寧から武烈までの年齢の謎

　日本書紀においては初代の神武から15代の応神までの崩御年齢がすべてわかるように記載されていますが、20代の安康天皇から25代の武烈天皇までの6人の天皇の崩御年齢は全く記されていません。山田英雄氏が『日本書紀の世界』（＊24）で述べているように、「古い時代の天皇の年齢が明らかなのに新しい時代の天皇の年齢が不明であるという矛盾」が生じているのです。この原因を探るために記載されていない清寧から武烈までの崩御年齢を、古事記や水鏡、神皇正統記といった資料を参考に推定してみたいと思います。

　清寧天皇から継体天皇までの崩御年齢については、古事記、

水鏡、皇代記、帝王編年記などに記されていますが、それぞれ少しずつ異なり、中には40年近く異なるものもあって、なぜこのように異なる年齢が記されているのか大きな疑問が生じます。そこでこれらの年齢をふたつのグループに分け、「短命説」と「長命説」として検討してみました（図表5－7）。

　まず第22代清寧天皇ですが、その崩御年齢は雄略紀から推定できます。清寧は雄略と韓媛との間にできた皇子ですが、雄略は456年の眉輪王事件の時に韓媛を妃にしていますから、仮に翌年の457年に清寧が誕生したとしても、480年の即位時の年齢は24歳で、5年間在位した後の崩御年齢は28歳が上限となります。ところが神皇正統記には39歳、水鏡には41歳と記されていて大きく食い違うのです。どうしてこのような違いが生じたのでしょうか？　これを「立太子年齢実年の仮説」で考えてみましょう。清寧の誕生年を眉輪王事件の翌年の457年と

図表5－7　清寧から継体までの崩御年齢

代数	天皇	短命説	長命説
22	清寧	28歳以下（書紀）	39歳（神皇正統記） 41歳（水鏡） 42歳（皇代記）
23	顕宗	38歳（古事記）	48歳（一代霊記）
24	仁賢	50歳（水鏡） 51歳（帝王編年記）	
25	武烈	18歳（水鏡）	57歳（帝王編年記） 57歳（皇代記）
26	継体	43歳（古事記）	82歳（書紀）

仮定すると、478年の立太子時の年齢は22歳となり、6年後の崩御年齢は立太子後の年齢を三倍暦で数えた場合、22 +（6 × 3）= 40　で40歳となって神皇正統記の39歳や水鏡の41歳に近い値となることから、立太子後の年齢を三倍暦で数えていたのではないかと推定されます。すなわちここでも「立太子年齢実年の仮説」が成立していると考えられるのです。

　次に顕宗天皇の崩御年齢ですが、古事記には父親の市辺押磐皇子が雄略に殺されて逃げる途中、山代の猪甘（いかひ）に糧食を奪われたことを覚えていて、皇位に就いたのちに探し出して斬り殺したと記されています。このことから逃亡時の顕宗は幼児ではなく少年だったと思われます。また、自らの身分を明かした際、小楯（をだて）の前で歌をうたい、舞を披露したということからも、逃亡生活に入る前にある程度の教養を身につけていたと思われ、逃亡時の年齢は10歳を超えていたのではないでしょうか。仮に市辺押磐皇子が殺された461年に12歳だったとすると、崩御した487年には38歳となって古事記の崩御年齢に一致するのです。したがって古事記の38歳説が真実に近いのではないかと考えられます。それでは一代霊記ではなぜ顕宗の崩御年齢を48歳としたのでしょうか？　顕宗が小楯に自分の身分を明かして宮廷に復帰したのは即位の2年前の33歳の時です。もしこの時から年齢を三倍暦で数えたとすると亡くなったのは5年後ですから、33 + 5 × 3 = 48　で48歳となり一代霊記に一致するのです。一代霊記では宮廷復帰後の顕宗の年齢を三倍暦で数えたのかもしれません。

次に仁賢天皇ですが、顕宗の崩御年齢が38歳とすると、仁賢はその兄ですから1歳年長なら即位前年は39歳で、11年間在位しましたから50歳崩御となって水鏡に一致します。また2歳年長なら51歳崩御となり、帝王編年記に一致するのです。したがって水鏡も帝王編年記も実年で数えていたと考えられるのです。

　さて、第25代武烈天皇の崩御年齢は水鏡や扶桑略記に18歳とありますが、帝王編年記には57歳とあり大きく異なります。どうしてこんなに大きな違いが生じたのでしょうか？　武烈は仁賢が清寧3年（482）に宮中に迎えられた後に結婚した春日<ruby>大 娘皇女<rt>かすがのいらつめのひめみこ</rt></ruby>との間の第6子ですから、毎年ひとりずつ生まれたとしても488年以降の生まれで、506年の崩御時の年齢は19歳以下ということになります。したがって武烈の崩御年齢については水鏡や扶桑略記の18歳が正しいと考えられます。帝王編年記はおそらく三倍暦で数えたのでしょう。帝王編年記が武烈の年齢を生まれたときから三倍暦で数えていたとすると、実年齢は　57 ÷ 3 ＝ 19　で水鏡の18歳に近い値となりますから、水鏡や扶桑略記は実年、帝王編年記は三倍暦で数えていたのではないかと推定されるのです。

　このように清寧天皇以降、「短命説」のように実年で数えられた資料や、「長命説」のように三倍暦を用いて数えられた資料があったと仮定することにより、清寧から武烈までの4代の天皇の崩御年齢に数値の大きく異なる説が存在する理由をうまく説明することができるのです。そしてまた短命説（実年齢の

記録）と長命説（三倍暦の記録）のような資料が混在していたために、書紀の編纂者は古代天皇の崩御年齢を特定することができず、安康から武烈までの崩御年齢が空白になってしまったのではないでしょうか。これは安康天皇以降に元嘉暦が採用されたことにより、年齢の記載方法が実年による方法と紀年（三倍暦）による方法の二種類となったために生じた混乱であると考えることができると思います。

　さて、以上の考察から武烈の崩御年齢（18歳）はほぼ間違いないと思われますが、これは非常に重要な年齢です。なぜなら、これによって継体天皇の崩御年齢に重大な疑問が生じることになるからです。図表5－7に示すように継体の崩御年齢は日本書紀では82歳ですが、古事記では43歳と大きく食い違っているのです。一般的には継体は老齢で即位した天皇と理解されていますが、短命説が実年齢に近いことからすると古事記の43歳崩御説も無視できないと思われます。これについては次節において詳しく検討してみたいと思います。

第7節　継体天皇の年齢の謎

　継体天皇の年齢もまた謎に満ちています。「82歳で亡くなった」とされていることも当時としてはかなり高齢で信用しがたいことですが、それ以上に疑わしいのが57歳の即位年齢です。平均寿命が50歳以下であった時代に57歳の老人を天皇として

迎え入れるでしょうか？　しかも継体天皇は武烈天皇に後継者がなく、皇統の断絶の危機の中で後継者を作るために手白髪皇女(たしらかのひめみこ)の婿として迎えられた天皇なのです。それが57歳の老人では、とても後継者の確保は期待できないのではないでしょうか？　「いや、継体天皇には安閑、宣化という二人の皇子がいたから大丈夫だったのだ。」という意見があるかもしれませんが、それならば最初から安閑を天皇として迎えればよかったのです。継体が57歳ならば安閑はおそらく30代であり、手白髪皇女の相手として年齢的にはぴったりだったと思うのです。大伴金村らが継体に期待したことは仁徳天皇の血をひく手白髪皇女との間に生まれる皇子を次の天皇とし、皇統を絶やさないことであったはずです。それならば57歳の老齢の継体に手白髪皇女を嫁するよりも安閑に嫁したほうがずっとよかったはずなのです。継体は本当に57歳だったのでしょうか？

　また、継体の子の欽明の年齢にも疑問があります。欽明が即位したのは540年とされていますが、即位時に「自分は年が若く知識も乏しく政治に未熟だから」として山田皇后（安閑天皇の后）に「天皇になってください」と願い出ているのです。540年の時点でまだ成人に達していなかったのではないでしょうか？　そうなると520年以後の誕生ですから、継体が70歳過ぎにできた子ということになってしまうのです。非常に考えにくいことだと思います。

　継体の年齢については高城修三氏も『紀年を解読する』（＊4）の中で疑問を呈しています。高城氏は継体の年齢は二倍暦で数

えられているのではないか、と考えました。すなわち、即位年齢の57歳は二倍暦では29歳で、在位年数は25年ですから、享年は54歳と考えたのです。すると安閑、宣化の享年はそれぞれ36歳、38歳となり、すべて自然な数字になるというのです。たしかにこのほうがはるかに受け入れ易い年齢です。しかしながら、この説にも問題があります。それは継体即位時の安閑、宣化の年齢です。高城氏によれば、二倍暦では継体即位時に安閑は8歳、宣化は6歳だといいます。ところが書紀をみると継体即位時、継体には皇子がなかったのではないかと思われるのです。『日本書紀Ⅱ』井上光貞監訳（＊28）によれば、継体即位時に大伴大連が「古来、国王の治世にあたっては、たしかな皇太子がなければ天下をよく治めることができず、むつまじい皇妃がなければよい子孫をうることができないと聞いております。そのとおり、白髪天皇（清寧天皇）は皇嗣が無かったために、私の祖父の大伴連室屋を遣わし、州ごとに三種の白髪部を置いて後世に天皇の名を残そうとなさいました。いたましいことではございませんか。どうか手白髪皇女を皇后にお立てになり、神祇伯らを遣わして神々にご子息の誕生を祈念し、民の望みにお答えいただきますように。」と奏請しているのです。もしもこの時点で安閑、宣化が生まれていたとしたら、こんな失礼なことがあるでしょうか？　最初からふたりを皇太子候補から除外していることになるのです。しかも、この時の継体天皇の返事も不可解です。「大連は自分（天皇）に子息のないことを心配し、国家のために世々忠誠を尽くしている。けっして

自分の世だけのことではない。よろしく礼儀を整え、手白髪皇女をお迎えするように。」と言っているのです。すなわち、この時点で継体は自分に子供がいないことを認めているのです。これはまことに不可解なことです。即位時にはまだ皇子はひとりも生まれていなかったと解するしかありません。

この継体天皇の即位年齢に関して前田晴人氏は『継体天皇と王統譜』（＊29）の中で「ヲホト大王にまつわる年齢記述は『古事記』の伝記がより正確に真相を反映している可能性が高く、ヲホト大王が43歳で死亡したとする伝記は史実からそれほどかけ離れていない貴重な情報であると評価できるように思われる。」とし、古事記の享年43歳を採用し、在位年数が25年なので継体は19歳で即位したという仮説を提唱しているのです。前田氏の「19歳即位説」は三倍暦説からみると非常に興味深いものがあります。なぜなら、三倍暦説に立った時も「継体即位57歳」は、57÷3＝19　で19歳となるからです。そこで安閑・宣化も継体と同様に即位までは三倍暦で数えられていたとすると、安閑は享年70歳ですから即位前年が66歳で、これは三倍暦なので22歳となり510年生まれとなります。また宣化は享年73歳ですから即位前年が69歳で、これは三倍暦では23歳となり、513年生まれとなります。すなわち、継体即位時（507年）にはまだふたりとも生まれていなかったことになるのです。

「継体即位19歳説」は手白髪皇女の年齢を考えてみた時、より現実味を増します。手白髪皇女は武烈の姉で、仁賢天皇の皇

女です。仁賢の享年は不明ですが（前節の考察では50歳ぐらい）、仁賢は481年までは雄略の追手をのがれて潜伏していたため、結婚したのは482年以降であり、すると仁賢の三番目の子である手白髪が生まれたのは485年以降となるため、継体即位時（507年）に手白髪は20歳くらいだったと思われます。20歳の皇女を57歳の継体に娶わせるでしょうか？　しかし、継体が19歳であればぴったりなのです。

　けれども、継体天皇には老人というイメージがかなり強く定着していて、19歳といわれても容易には信じられないかもしれません。そこで「応神天皇の5世の孫」という観点から継体の即位年齢を推定してみたいと思います。図表5－8は継体と武烈の系譜です。この図表からも明らかなように、継体と武烈は同じ世代です。また仁徳稚野毛王（わかのけおう）よりもかなり年上と思われます。しかも仁徳系の履中も市辺も仁賢も武烈もみな長男ですから、武烈は継体よりも年上か、もしくは同年齢ぐらいであろうと思われます。また武烈の崩御年齢は前節で検討した結果、18歳ぐらいであったと考えられます。そうなると継体の即位年齢も同じぐらいということになりますから、19歳説はかなり可能性が高いと考えられるのです。

　次に天皇生誕時の父親の年齢（これを「父親年齢」と呼ぶことにします）の観点から継体天皇の即位年齢を考えてみたいと思います。応神の誕生年が三韓征伐の年だとすると369年頃です。もし、継体が即位時（507年）に57歳であれば451年の誕生となります。したがって応神誕生から継体誕生までは

図表 5−8　継体天皇と武烈天皇の系譜

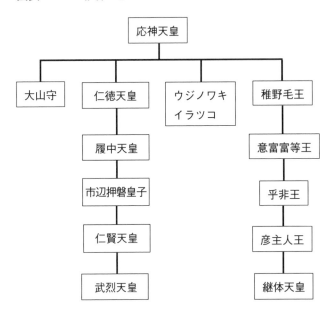

451 − 369 = 82 で、平均の「父親年齢」は 82 ÷ 5 = 16.4 で
16.4 歳となります。また、継体の即位時の年齢が 19 歳であ
れば、489 年生まれとなり、応神誕生から継体誕生までは
489 − 369 = 120　で、平均の「父親年齢」は 120 ÷ 5 = 24 で
24 歳となります。ここで記録の確かな 41 代〜124 代までの天
皇の中で 16 歳以下で天皇の父親になった人を調べると後鳥羽
天皇ただひとりであり、16 歳の父親が 5 代連続して続くこと
は不可能ではないかと思われるのです。また、41 代〜124 代
までの天皇の平均の「父親年齢」は 26 歳ですから、継体の即

位年齢19歳の場合の平均の「父親年齢」が24歳というのは妥当であろうと考えられます。このことから継体の即位年齢が57歳ということはとうてい考え難く、19歳とするほうがはるかに蓋然性の高いことがわかるのです。

　以上より、継体天皇の即位年齢57歳は三倍暦で数えられていて、実年齢は19歳であったと考えます。この当時は元嘉暦が使われていましたが、それは対外的、公的な暦であって、年齢の数え方は昔ながらの慣習で三倍暦を用いていたのではないでしょうか？　ここにも三倍暦使用の痕跡が認められるのです。

　さて、このことは非常に重大です。なぜなら雄略以降においても年齢は三倍暦で数えられていた例があることを示しているからです。安康・雄略以降は元嘉暦が用いられていて、日本書紀に年代の延長はみられませんから、この時期、年代は延長されていないのに年齢だけが延長されていることになるのです。歴史学者は古代天皇に長寿が多いのは讖緯説に従って神武の即位年を紀元前660年に設定したために古代天皇の在位年数を大幅に長くしなければならず、その結果、年齢も長寿になってしまったという解釈ですが、その説では年代も在位年数も延長されていない継体天皇の年齢が延長されている理由の説明がつかないのです。すなわち、継体天皇の高齢の原因は讖緯説に基づく恣意的な年代延長のためではなく、年齢の数え方が違っていたためであり、古代において年齢は三倍暦で数えられていたことを物語っているのではないでしょうか。

第8節　「辛亥の変」の謎

　「辛亥の変」とは、百済本記に「辛亥の年（531年）に日本の天皇・皇太子・皇子がみな死んだ。」と記されていることから、継体崩御から欽明即位までの間になんらかの政変があり、それが百済に伝わってこのような記録が残ったとする仮説です。その内容があまりにも衝撃的だったので、日本書紀の編纂者が「後に考えむ人、これを知らむ（後に考える人がこれを解き明かすだろう）。」と記したというのです。しかも編纂者は日本に「継体崩御534年」という記録があるにもかかわらず、それを無視して「継体崩御531年」という百済本記の記事を採用した結果、安閑即位（534年）との間に2年の空位年を作ってしまったのです。よほど百済本記を信頼していたのでしょう。けれども百済本記を信頼すれば「辛亥の年（531年）に日本の天皇、皇太子、皇子がみな死んだ。」という記事も認めなければならないことになってしまうのです。

　さらにやっかいなのは、仏教伝来の年が上宮記に「欽明7年戊午の年」と記されていることです。しかし欽明の在位中に戊午の年はなく、宣化3年（538年）が戊午なのです。欽明が継体崩御後すぐに即位したとすれば532年即位で538年は「欽明7年戊午」となり上宮記の記事は成立しますが、それでは今度は安閑、宣化の即位がなかったことになってしまうのです。こ

れはどう解釈したらよいのでしょうか？

　この謎の要点をまとめると次の3点になります。

　継体の崩御年を書紀は百済本紀をもとに「531年」としているが、一方では安閑即位を「534年」としているため、その間に2年の空白がある（謎の空位年）。

　百済本記に「531年に天皇、皇太子、皇子がみな死んだ。」という記載がある（謎の三世代崩御）。

　仏教伝来が上宮記には「欽明7年戊午の年」と記されているが、欽明朝に「戊午」はなく、宣化3年（538年）が「戊午」である。欽明が継体崩御の翌年に即位したとすれば欽明7年は「戊午」になるが、そうなると安閑・宣化の即位は無かったことになる（謎の欽明の戊午年）。

　この謎を解くために、多くの仮説が提示されてきました。主な説は次の三つです。

A：平子説：百済本記の辛亥531年（継体25年）の「日本天皇および太子皇子ともに崩御」とする記事は、宣化天皇の崩御に際し、橘皇后や孫子を合葬したという日本書紀の記事の引用で、この年（辛亥）が宣化崩御年に当たり、継体はその前にすでに亡くなっていた。この翌年（532年）に欽明が即位し、欽明7年（戊午・538年）に仏教が伝わった。

B：喜田説：531年の継体崩御時に欽明が即位すると、それに対抗して2年後に安閑・宣化両天皇の治政が同時に行われたため、533年から539年までの7年間にわたり両朝が並立し、宣化崩御後に両朝が合一した。

C：林屋説：継体天皇崩御時は内乱状態で、蘇我氏が欽明天皇を擁立するも、それに反対した大伴・物部氏が安閑・宣化を立てて二朝並立し、宣化崩御によりようやく内乱は収拾されて欽明朝となった。

　これらの説は「辛亥の変」の謎を解明するための仮説ですが、いずれも完全な解明までには至っていません。平子説の「宣化崩御時に皇后・幼子を合葬した。」というエピソードが継体崩御時のできごととして誤って伝えられたという着眼には賛同しますが、なぜ誤って伝えられたのかという理由がわかりません。喜田氏や林屋氏の「二朝並立説」は現在最も有力な説とされていて、「謎の欽明の戊午年」の説明はうまくつきますが、「辛亥の年に天皇と皇太子と皇子がみな亡くなった」という「謎の三世代崩御」の説明は困難です。

　私は内乱も二朝並立もなく、「534年継体崩御、534年安閑即位、536年宣化即位、540年欽明即位」が正しく、「531年（辛亥）継体崩御」という百済本記の記事が誤伝で、それを採用した書紀編纂者が間違っていたのだと考えます。それでは百済本記はなぜ「531年（辛亥）継体崩御」としたのでしょうか？
その理由を三倍暦を用いて解釈してみたいと思います。図表5－9をご覧ください。書紀には「宣化が亡くなったときに皇后とその幼子を一緒に墓に埋めた。」と記されています。もしもこの記事が三倍暦で記されていたならば、宣化天皇を埋葬した539年11月は三倍暦では「辛亥」にあたるので、「辛亥の年、天皇を埋葬した。そこに皇后と幼子を合葬した。」という記載

図表 5-9　「辛亥の変」の年表

西暦	天皇	復元された書紀年表（一倍暦）	欽明	国内資料（三倍暦）			西暦干支	西暦年代	百済資料
514	継			甲午	乙未	丙申	甲午	514	
515	体			丁酉	戊戌	己亥	乙未	515	
516				庚子	辛丑	壬寅	丙申	516	
517				癸卯	甲辰	乙巳	丁酉	517	
518	12	弟国遷都		丙午	丁未	戊申	戊戌	518	
519				己酉	庚戌	辛亥	己亥	519	
520				壬子	癸丑	甲寅	庚子	520	
521				乙卯	丙辰	丁巳	辛丑	521	
522				戊午	己未	庚申	壬寅	522	
523	17	百済武寧王没		辛酉	壬戌	癸亥	癸卯	523	
524				甲子	乙丑	丙寅	甲辰	524	
525			01	丁卯	戊辰	己巳	乙巳	525	
526	20	磐余玉穂宮遷都	02	庚午	辛未	壬申	丙午	526	
527	21	磐井の乱	03	癸酉	甲戌	乙亥	丁未	527	
528			04	丙子	丁丑	戊寅	戊申	528	
529			05	己卯	庚辰	辛巳	己酉	529	
530			06	壬午	癸未	甲申	庚戌	530	
531	25	継体崩御	07	乙酉	丙戌	丁亥	（辛亥）	531	継体崩御
532		（空位）	08	戊子	己丑	庚寅	壬子	532	
533		（空位）	09	辛卯	壬辰	癸巳	癸丑	533	
534	安	安閑即位	10	甲午	乙未	丙申	甲寅	534	
535	閑		11	丁酉	戊戌	己亥	乙卯	535	
536		宣化即位	12	庚子	辛丑	壬寅	丙辰	536	
537	宣		13	癸卯	甲辰	乙巳	丁巳	537	
538	化		14	丙午	丁未	戊申	（戊午）	538	仏教伝来
539			15	己酉	庚戌	（辛亥）	己未	539	
540	欽	欽明即位	16	壬子	癸丑	甲寅	庚申	340	
541	明		17	乙卯	丙辰	丁巳	辛酉	541	
542			18	（戊午）	己未	庚申	壬戌	542	
543			19	辛酉	壬戌	癸亥	癸亥	543	

になるでしょう。これをみた百済では辛亥の年は西暦531年で継体在位中なので、亡くなった天皇とは継体のことと考え、「辛亥の年（西暦531年）に継体天皇と皇太子（安閑）と皇子（宣化）がみな亡くなり、その翌年に欽明が即位した。」と誤って解釈したのではないでしょうか。そしてその解釈が後に日本に逆輸入され、継体の崩御年は531年ということになってしまったのではないかと思います。

　次に「欽明の戊午年」の解釈ですが、一倍暦では欽明の在位年間に「戊午」の年はありませんが、三倍暦の年表では西暦542年に「戊午」があります。しかもこの「戊午」が三倍暦では欽明7年に相当するのです。上宮記に三倍暦で「欽明7年戊午に仏教が伝来した。」と記されていたならば、それをみた百済では「仏教伝来は欽明天皇の戊午の年（西暦538年）」と解釈するのではないでしょうか。仏教伝来の年は何をもってその年とするかが明らかではなく、最澄の頃から「538年」か「552年」かで論争されていたそうですから、538年から552年の間にいくつもの候補があったのではないかと思います。もしかしたら542年にも百済から使者が来ていて、それを上宮記では「仏教伝来」ととらえ、三倍暦で「欽明7年戊午の年」としたのではないでしょうか。

　このように、欽明天皇の在位年代まで日本国内では三倍暦が使われていたと仮定することにより、「謎の空位年」「謎の三世代崩御」「謎の欽明の戊午年」の三つの謎は辛亥の政変の存在を想定せずに解釈することが可能であると思います。すなわち、

欽明の前に安閑・宣化の即位はあったと考えられるのです。

　安閑・宣化が欽明の前に即位した理由は、継体崩御時（534年）の欽明の年齢が若すぎたからだと思います。日本書紀にも「欽明は嫡子ではあるが年幼く、二人の兄の治政のあとに天下を治めた。」と記されています。欽明は即位時（539年）に「私は若すぎるので山田皇太后に即位してもらいたい。」と申し出ていますから540年の即位時でさえ成人に達していなかったのではないでしょうか。おそらく欽明が生まれたのは継体が磐余玉穂宮に遷都する直前だったのではないかと思います。欽明が生まれたことによって継体ははじめて大和入りすることができたのです。すなわち、継体の大和入りが遅れたのは手白髪皇后になかなか嫡子が生まれなかったためだと思われます。継体の磐余玉穂宮入りは526年ですから、この前年に欽明が生まれたと仮定すると、継体崩御時（534年）にはまだ10歳で即位は不可能です。宣化崩御時（539年）でさえまだ15歳ですから、欽明は叔母の山田皇太后に即位をお願いしたのだと思います。このように欽明の年齢を考えたとき、二朝並立説が成り立たないのは明らかです。また、欽明が磐余玉穂宮遷都の前年に生まれたとすると「継体即位年齢57歳説」では継体が75歳のときということになってしまいますから、それはあり得ないことがわかります。このように欽明即位時にはまだ三倍暦が使われていたと考えることによって「辛亥の変」の謎を合理的に解釈することができるのです。

第9節　神社に残る三倍暦の痕跡

　「二倍暦説」や「四倍暦説」と比べた時、「三倍暦説」の証明
にとって最も頭を悩ませるのは、一年をどこでどのように区
切ったらよいのか、ということです。一年を二分割、もしくは
四分割することは比較的容易なことです。春分、秋分をもって
二分することができますし、さらに夏至や冬至をもって四分す
ることも可能だからです。しかし、三つに区切るとなるとなか
なか適当な目安がみつかりません。今まで「三倍暦説」を唱え
る研究者がほとんどいなかったのも、あるいはこのことが原因
だったのかもしれません。

　しかしながら、三倍暦の存在を思わせるいくつかの手がかり
はあります。歴史学者の遠藤慶太氏の著書『東アジアの日本書
紀』（＊30）の中に、古代の暦を研究した渋川春海に関する次の
ような文章があります。

　「『日本書紀』の暦日についても、江戸時代以来研究が重ねら
れてきた。特筆すべきなのは渋川晴海である。（中略）晴海の
天文・暦学を集大成した『天文瓊統』には、太陽の公転に言及
して冬至・夏至・春分秋分を底筒男・表筒男・中筒男にたとえ
た箇所があり、航海の守護神でオリオン座の三ツ星ともされる
住吉三神を重視し、『日本書紀』の世界に没入していたことが
わかる。」

このことから渋川晴海は「住吉三神の底筒男・表筒男・中筒男とはオリオン座の三ツ星のことで、暦にも関係している。」と考えていたことがうかがわれます。神社の重要な仕事のひとつに作暦（暦を作ること）がありますが、これは農業の日程の目安としての役割はもちろんですが、本来は神社の神祀りの日程として作られたものであったと思います。住吉神社の作暦は三柱の神の神祀りに関係していたと思われ、もしそうならば三柱の神を一柱ずつ、一年に三回祀っていた可能性があるのではないでしょうか。

　そこで住吉神社の発生の地である福岡の神社について調べてみると、福岡には住吉神社以外にも宗像三神や綿津見三神といった「三神」を祀る神社が多くみられます。もし三神が一年を分割統治していたならば、一年を三分割する暦を使う神社があったのではないでしょうか。そう思って調べてみると、井上政典氏の著書『オッショイ！ 福岡の神社が面白い』（＊31）に興味深い記事をみつけました。

　「（『光の道』で注目を集めた）宮地嶽神社（福岡県福津市）参道は冬至12月22日頃をはさんで10月20日前後と2月20日前後に沈む夕日が参道を照らします。（中略）これが何を意味しているのかは現在のところ分かっていませんが、きっと何かの意味があるはずです。」

　この10月20日前後と2月20日前後という日は、いったい何を意味しているのでしょうか？

　宮地嶽神社の現在の祭神は「神功皇后、勝村神、勝頼神」と

なっていますが、これは神功皇后の三韓征伐の後からで、それ以前は宗像三神であったようです。宮地嶽神社の由緒によると、「むかし、神功皇后が新羅を征伐した際に、宮地嶽の山上にて宗像三神を祀り、勝利を祈願して船出した。新羅に勝利して帰還した際に宗像三神を奉斎したが、その後、神功皇后を主祭神とし、新羅征伐に功績のあった勝村、勝頼を併せて『宮地嶽三柱大神』として祀るようになった。」と記されています。すなわち宮地嶽神社はもともとは宗像三神を祀る由緒ある神社であり、それゆえ神功皇后は新羅征伐の際に戦勝を祈願して参拝したのです。

さて、「10月20日前後と2月20日前後に夕日が参道を照らす」というのは、あたかも日の神が参道を通って本殿に入ってくるような光景であるとのことです。しかも10月20日から2月20日までは丁度四か月で、これに夏至（6月20日頃）を加えると図表5‐10のように一年を三等分することができますから、この参道は一年を三分割する暦の役割を果たしていたのではないでしょうか？　おそらくその時には重要な神祀り、すなわち宗像三神を迎えるお祀りが行われていたと思われるのです。

また、このことは全国の神社の総本宮とされる伊勢神宮についても似たようなことが認められます。伊勢神宮のお祭りについて調べてみると、『伊勢神宮と、遷宮の「かたち」』（＊32）には、伊勢神宮では年間1500回にもおよぶお祭りがあり、中でも最も重要なのが10月の神嘗祭で、ついで6月、12月の月次

図表 5 − 10　宮地嶽神社の参道

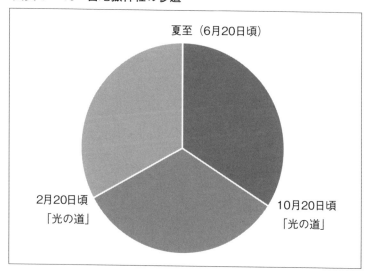

図表 5 − 11　伊勢神宮の五大祭

1	神嘗祭	10 月 15 ～ 25 日	「光の道」
2	祈年祭	2 月 17 ～ 23 日	「光の道」
3	月次祭	6 月 15 ～ 25 日	夏至
4	新嘗祭	11 月 23 ～ 29 日	
5	月次祭	12 月 15 ～ 25 日	冬至

祭、さらにこれに 2 月の祈年祭、11 月の新嘗祭を加えて五大
祭という、とあります（図表 5 − 11）。これを宮地嶽神社の「光
の道」と比べると、一番重要な 10 月 20 日頃の神嘗祭と 2 月
20 日頃の祈年祭がピッタリ一致している点が注目されます。
これに 6 月 20 日頃の月次祭を加えると一年を三分割すること

ができるのです。これは福岡で三神を祀っていたことの名残なのではないでしょうか。伊勢神宮は天照大御神を祀る神社ですが、天照大御神は神武天皇が九州から持ち込んだ神様です。そして宗像三神は天照大御神が素戔嗚尊と誓約をしたときに生まれた神なのです。それゆえ伊勢神宮の五大祭に宗像三神の神祀りが含まれているのではないかと考えられるのです。

　ところで、10月の神嘗祭と2月の祈年祭というのはどういうお祭りなのでしょうか？　まず祈年祭ですが、これはその年の五穀豊穣を神に祈るお祭りです。また神嘗祭はその年の新穀を神に奉り、感謝するお祭りです。すなわち祈年祭は一年の農業の始まりのお祭りで、神嘗祭は一年の農業の終わりのお祭りなのです。この農業の始まりと終わりの日を宮地嶽神社の参道がさし示しているのは偶然ではないと思われます。

　さらにこの2月20日頃と10月20日頃を24節気（季節の変化を知る指標）でみてみると、2月20日頃が「雨水」に相当し、10月20日頃が「霜降」に相当します。「雨水」は降る雪が雨へと変わり、雪解け水が田畑を潤す頃で、農耕を始める時期の目安とされ、「霜降」は霜が降りる頃で農業が終わる時期の目安になっています。すなわち2月20日頃と10月20日頃というのは農業の開始と終息の日を意味していて、神社の暦として最も重要な日であると思われます。それゆえ宮地嶽神社ではこのふたつの日を神社の神祭りの日と定め、それに合わせて参道を作ったのではないでしょうか。これに夏至の日（6月20日頃）を加えると一年を三分割する神祭りの日が完成しますから、

「雨水」（2月20日頃）と「霜降」（10月20日頃）は一年を三分割するための絶好の日取りなのだと思われます。たとえば、もし仮に2月20日頃を「表筒男」の神のご来臨の日とするならば、6月20日頃は「中筒男」の神のご来臨の日、10月20日頃は「底筒男」の神のご来臨の日となって、三柱の神の一年間の分割統治の形がきれいに定まるからです。

　ところで、同じ宗像三神を祀るとされる宇佐神宮の神紋は「三つ巴」です。図表5−12の「三つ巴」の「巴」の意味ははっきりしていませんが、弓を射る時に使う鞆を図案化したという説や、勾玉をデザインしたという説、人の魂を象ったものという説などがあるようです。私は三柱の神を表象化したものではないかと考えています。なぜなら、綿津見三神を祀る綿津見神社の総本社である「志賀海神社」の神紋も「三つ巴」ですし、住吉三神を祀る「住吉神社」の神紋も「三つ巴」だからです。すなわち、宗像三神、綿津見三神、住吉三神などの三神を祀る神社の神紋がそろって「三つ巴」なのです。この「三つ巴」の図柄は、三柱の神が一年を三分割して統治している有様を表象化したものではないでしょうか？　すなわち宮地嶽神社の参道は三柱の神が交代で到来する日を示す暦の役割を果たしていて、ご来光の日には神祀りをおこない、その日から新しい神の年が始まったのではないかと考えられるのです。もしそうならば、三神を祀る神社では一年を三年と数える『三倍暦』が使われていたのではないでしょうか？　すなわち、北九州の「綿津見三神」「宗像三神」「住吉三神」などを祀る神社が三倍

暦のルーツなのではないかと思われるのです。

　ここで伊勢神宮の式年遷宮についてもふれておきたいと思います。式年遷宮はだいたい20年毎に行われていますが、その理由については不明とされています。また、出雲大社の遷宮は60年毎に行われているようです。これは60年が干支一運であることに由来すると思われますが、もしそうであるならば、伊勢神宮の式年遷宮が20年毎に行われるのは三倍暦の干支一運が20年であることと関係があるのではないでしょうか？　もしかしたら伊勢神宮の20年毎の式年遷宮も三倍暦を使用していたことの名残なのかもしれません。

図表 5 － 12　三つ巴紋

第六章　日本書紀の実年代の復元

　この章では今までの検討の結果をもとに、日本書紀の神功紀
から雄略紀までの実年代の復元を試みたいと思います。まず、
これまでの成果をまとめてみます。

　第一章において、日本書紀の年代がほぼ正確に三倍に延長さ
れていることを発見し、これを「日本書紀の年代の法則」と名
付けました。これにより、書紀年代から実年代を求めることが
できるようになりました。

　第二章では、年代が三倍に延長されている原因を三倍暦が使
用されていたためと推定し、これを「三倍暦説」と名付けまし
た。そして三倍暦によって換算された年代が外国文献や金石文
とよく整合することが確かめられました。

　第三章では、日本書紀の数々の謎に挑戦し、これらが三倍暦
で説明可能であることを論証しました。まず「武内宿禰の長
寿」では300歳近くまで生きたとされる武内宿禰の年齢も三倍
暦では100歳ぐらいとなり、現実的な数値となりました。「直
支王の幽霊」と「神功皇后空白の40年」では日本書紀編纂時
に、「原日本書紀」の干支が三倍暦で記されていることに気づ
かずに百済記の記事を書紀に転記したため（「干支の混同によ

る転記ミス」）、年代のずれが生じたことを論証しました。この「干支の混同による転記ミス」の仮説を用いて日本書紀最大の謎とされる「百済の五王の没年の謎」に挑んだところ、この謎も本居宣長以降の歴史学者が書紀年代を西暦に換算した際に、書紀年代が三倍暦であることに気づかずに換算したため、120年のずれが生じてしまったと考えられました。この転記ミスを修正することによって神功46年の斯麻宿禰の派遣から応神16年の阿花王没年までの年代を正しく復元することができました。

第四章においては、古代天皇の崩御年齢が異常な長寿になっている原因は、天皇の年齢が立太子までは実年、立太子以降は三倍暦で数えられていたためであると考え、これを「立太子年齢実年の仮説」と名付けました。この仮説に基づいて古代天皇の実年齢を計算した結果、古代天皇の年齢は現実的なものとなり、仲哀天皇らの誕生年の謎も合理的に解釈することができました。

第五章においては、安康紀以降の記事の年代について検討し、この時期の年代に混乱がみられるのは、安康紀以降において三倍暦と一倍暦が併用されていたため、錯誤をきたしたことが原因であると考えました。そこで、これらの年代を修正することにより宋書の年代とぴったり一致することがわかったのです。

このようにして復元された日本書紀の年表をもとに、日本の古代史の流れを通覧してみたいと思います。この復元された年表の特徴は「太歳干支をひとつも変更していない」ということです。三倍暦で換算し、「干支の混同による転記ミス」を修正

しただけで、太歳干支はそのままなので、日本書紀のストーリーには全く変更がないのです。これこそが三倍暦説の真骨頂なのです。

第1節　三倍暦によって復元された年表　　（その1）の解説

　図表6－1は西暦364年から393年までの30年間の歴史を復元した年表です。この年表の特徴は日本書紀の神功元年から応神3年までの紀年にして72年間の記事が、西暦369年から392年までの24年間の記事として復元されていることです。これはもともと、369年から392年までの出来事であったものが、一倍暦の百済記から三倍暦の書紀に転記する際に、「干支の混同による転記ミス」によって神功46年から応神3年に圧縮されて転記されたもので、それを元に戻すことによって本来の歴史が復元されたのです。これについては第三章第4節「神功皇后空白の40年」において詳説した通りです。
　それでは復元された年表に沿って歴史の流れをみてみましょう。
　366年に仲哀天皇が即位すると、仲哀はさっそく斯麻宿禰を半島に派遣しました。仲哀ははじめから半島への進出を考えていたのだろうと思います。そして神功皇后を伴って九州へ渡り、熊襲征伐を開始しますが、突然崩御してしまいます。おそらく、

図表6−1　三倍暦によって復元された年表　その1（364年〜395年）

西暦	復元された年表 （一倍暦）		復元	書紀年代 （三倍暦）			書紀記事
364				甲子	乙丑	丙寅	
365				丁卯	戊辰	己巳	
366		仲哀即位	◀---	庚午	辛未	壬申	仲哀元年　仲哀即位
367	仲哀	斯麻宿祢　丙寅		癸酉	甲戌	乙亥	02年　熊襲背く
368				丙子	丁丑	戊寅	03年　仲哀没
369		神功摂政開始	◀---	己卯	庚辰	辛巳	神功元年　三韓征伐
370		新羅攻略　己巳		壬午	癸未	甲申	3年　応神立太子
371				乙酉	丙戌	丁亥	
372		七支刀献上　壬申		戊子	己丑	庚寅	
373				辛卯	壬辰	癸巳	13年　酒楽の歌
374				甲午	乙未	丙申	
375		肖古王没　乙亥		丁酉	戊戌	己亥	
376				庚子	辛丑	壬寅	
377	神			癸卯	甲辰	乙巳	
378				丙午	丁未	戊申	
379	功			己酉	庚戌	辛亥	
380				壬子	癸丑	甲寅	
381		酒楽の歌		乙卯	丙辰	丁巳	39年　「魏書に…」
382				戊午	己未	庚申	
383				辛酉	壬戌	癸亥	
384		貴須王没　甲申		甲子	乙丑	丙寅	神功46年　斯麻宿禰
385		枕流王没　乙酉		丁卯	戊辰	己巳	49年　新羅攻略
386				庚午	辛未	壬申	52年　七支刀献上
387				癸酉	甲戌	乙亥	55年　肖古王没
388				丙子	丁丑	戊寅	
389				己卯	庚辰	辛巳	
390				壬午	癸未	甲申	64年　貴須王没
391				乙酉	丙戌	丁亥	65年　枕流王没
392		応神即位	◀---	戊子	己丑	庚寅	応神元年　応神即位
393		辰斯王没　壬辰	◀---	辛卯	壬辰	癸巳	3年　辰斯王没
394	応			甲午	乙未	丙申	
395	神			丁酉	戊戌	己亥	

熊襲との戦いの最中に戦死したのでしょう。日本書紀には「一書に曰く」として、「天皇、みずから熊襲を討ちたまいて、賊の矢にあたりてかむあがりましぬ。」と記しています。そこで神功皇后は仲哀のあとを引き継いで熊襲征伐を完徹すると、すぐさま新羅攻略を敢行します。これが名高い「三韓征伐」ですが、実際に攻略したのは新羅だけでした。この新羅攻略は百済の要請に応えて行われたと考えられ、百済からはそのお礼として372年に七支刀が贈られています。神功は新羅攻略の後、返す刀で大和の忍熊王らを滅ぼして政権を奪取します。381年、応神が13歳の時、武内宿禰とともに気比神社に参拝し、帰ってから神功皇后の祝福を受けます。これは第三章第8節「酒楽の歌」で述べたように応神の成人式だったと思われますが、書紀では神功39年に記すべきところを誤って神功13年の条に記しています。

　また百済では、375年に肖古王、384年に貴須王が亡くなり、翌年、その子の枕流王も亡くなると、枕流王の弟の辰斯王が即位します。しかし、枕流王の正統な後継者は日本に人質となっていた太子の阿花王のはずですから、辰斯王の即位は日本に相談なく、かってに即位したことになり、日本の不興を買ったと思われます。392年、百済に好意的な神功が亡くなって応神が即位すると、応神はすぐさま百済に紀角宿禰らを派遣して辰斯王を殺し、阿花王を立てることになります（壬辰の変）。阿花王が立ってから日本と百済の同盟関係はいっそう緊密なものとなり、高句麗との激しい戦いに突入してゆくのです。

第2節　三倍暦によって復元された年表 （その2）の解説

　図表6−2は、応神5年から仁徳51年までの紀年にして90年間の歴史を、394年から423年までの30年間の歴史として復元したものです。この中で日本書紀の「直支王来日」「阿花王没」の年代は、「干支の混同による転記ミス」によって繰り上げられているため、それぞれ397年および405年に干支をそろえて復元されるべきものです（「直支王の幽霊」参照）。

　さて、ここで注目すべきは応神39年の新斉都媛来日です。これは第三章第3節の「直支王の幽霊」でも述べたことですが、「書紀年代から実年代をもとめる換算式」で計算すると、応神39年は丁度西暦405年の阿花王没年に一致しており、直支王が百済に帰って王位を継いだ年なのです。すなわち、直支王は自分が帰国するかわりに、身代わりとして妹の新斉都媛を日本に派遣したと考えられるのです。このことは三倍暦説が正しいことの有力な証左になると考えます。

　また、仁徳12年の「高句麗の鉄盾・鉄的の献上」も注目に値します。これは三倍暦では西暦410年に相当しますが、丁度この頃は好太王が南進策を北進策に切り替えて東扶余を攻撃しはじめた頃であり、そのために倭国に鉄盾・鉄的を献上して平和条約を結んだと考えられるのです。そのような倭国と高句麗

図表6-2　三倍暦によって復元された年表　その2（394年〜423年）

西暦	復元された年表 （一倍暦）		復元	書紀年代 （三倍暦）			書紀記事	
394				甲午	乙未	丙申		
395	百済大敗			丁酉	戊戌	己亥	応神08年	直支王来日
396				庚子	辛丑	壬寅		
397	直支王来日 丁酉			癸卯	甲辰	乙巳	応神16年	阿花王没
398				丙午	丁未	戊申		
399		応		己酉	庚戌	辛亥		
400	好太王新羅へ			壬子	癸丑	甲寅		
401		神		乙卯	丙辰	丁巳	応神28年	高句麗上表
402	未斯欣倭入質			戊午	己未	庚申		
403				辛酉	壬戌	癸亥		
404	好太王倭を撃破			甲子	乙丑	丙寅		
405	阿花王没 乙巳			丁卯	戊辰	己巳	応神39年	**新斉都媛来日**
406	新斉都媛来日			庚午	辛未	壬申	応神41年	応神没
407	仁徳即位			癸酉	甲戌	乙亥	仁徳元年	仁徳即位
408	好太王倭を撃破			丙子	丁丑	戊寅	仁徳04年	「かまどの煙」
409				己卯	庚辰	辛巳		
410	高句麗鉄盾献上			壬午	癸未	甲申	仁徳12年	**高句麗鉄盾**
411				乙酉	丙戌	丁亥	仁徳13年	和珥池横野堤
412	好太王没			戊子	己丑	庚寅		
413	高句麗・倭朝貢			辛卯	壬辰	癸巳		
414	（晋へ）	仁		甲午	乙未	丙申		
415				丁酉	戊戌	己亥		
416				庚子	辛丑	壬寅		
417	履中立太子	徳		癸卯	甲辰	乙巳	仁徳31年	履中立太子
418				丙午	丁未	戊申		
419				己酉	庚戌	辛亥		
420	宋建国			壬子	癸丑	甲寅		
421	倭王讃遣使			乙卯	丙辰	丁巳		
422				戊午	己未	庚申	仁徳50年	「世の遠人、
423				辛酉	壬戌	癸亥		国の長人…」

の友好ムードの中で、413年に高句麗が長寿王の即位式に参列した倭国の使者を伴って晋国に遣使したものと推測されます。

それでは復元された年表に沿って歴史の流れをみてみましょう。

392年の「壬辰の変」により阿花王が百済の王位に就くと、高句麗との激しい攻防が始まります。395年、百済は高句麗に大敗し、臣従を誓わされますが、397年、阿花王は太子の直支王を倭国に入質し、再び高句麗と対峙します。これに怒った好太王は400年に出兵し、新羅に侵入した倭国軍を撃破します。さらに404年には百済・倭国の連合軍を大敗させます。405年、阿花王が亡くなると、直支王が百済に帰って即位し、同時に人質として新斉都媛を倭国に送ります。406年、応神が没すると、再び好太王は百済を攻め、407年百済・倭国連合軍は大敗します。この敗戦の後に戦いを率いたウジノワキイラッコは自殺し、仁徳天皇が即位します。仁徳は国力の回復のため、2年間、課税を免除します（かまどの煙）。410年、高句麗は南進政策（百済攻撃）を北進政策（東扶余攻略）に切り替え、倭国に鉄盾・鉄的を献上し、倭国と平和条約を結びます。この後、仁徳は内政に力を注ぎ、「難波の堀江」を掘り、和珥池を掘り、横野の堤を造って耕地を拡大し、国力の充実に努めます。412年、好太王が没して長寿王が即位すると倭国は高句麗に使者を送り、高句麗はこの使者を伴って晋に遣使したと思われます（413年の高句麗と倭の晋への遣使）。420年、宋が建国すると、421年、倭国（仁徳）は単独で宋へ遣使します。これが倭王讃（仁徳）の朝貢です。

第3節　三倍暦によって復元された年表
　　　　（その3）の解説

　図表6−3は424年から453年までの30年間の歴史を復元した年表です。

　この年表で注目すべきは、仁徳58年の「呉・高句麗が朝貢す」の記事です。呉国（宋）が倭国に朝貢することはあり得ませんから常識的には考えられないことですが、全く根も葉もないことではありません。それというのも、同じ仁徳58年の夏の条に、「連理の木がなった」という吉祥の記事があり、それに続いて「呉・高句麗朝貢」の記事が記されていて、呉国の使者を倭国が大歓迎している様子がわかるからです。これはもちろん呉国の朝貢ではありませんが、呉国と高句麗がともに倭国を訪れたことは確かなことなのでしょう。すなわち、425年（前年）の倭王讃（仁徳）の朝貢に対する宋の答礼の使者が高句麗を道案内として倭国に来たことを表しているのではないでしょうか。この頃は丁度、倭国と高句麗が平和条約を結んでいた頃で、両国は互いに使者が行き来していたと思われます。この呉国の使者の来日の記事（仁徳58年）が倭王讃の朝貢（425年）の翌年（426年）に相当することは、三倍暦の換算が正しいことを示すひとつの証拠であると考えます。

　また、倭王珍の朝貢は反正天皇の即位年に一致していますが、

図表6-3　三倍暦によって復元された年表　その3（424年〜453年）

西暦	復元された年表（一倍暦）		復元	書紀年代（三倍暦）			書紀記事	
424				甲子	乙丑	丙寅		
425		倭王讃朝貢		丁卯	戊辰	己巳		
426		呉・高句麗使節	◀----	庚午	辛未	壬申	仁徳 58	呉・高句麗朝貢
427				癸酉	甲戌	乙亥		
428	仁			丙子	丁丑	戊寅		
429		百舌鳥耳原陵	◀----	己卯	庚辰	辛巳	仁徳 67	百舌鳥・耳原陵
430		倭王讃朝貢		壬午	癸未	甲申		
431				乙酉	丙戌	丁亥		
432	徳			戊子	己丑	庚寅		
433				辛卯	壬辰	癸巳		
434				甲午	乙未	丙申		
435		仁徳崩御	◀----	丁酉	戊戌	己亥	仁徳87年	仁徳崩御
436		履中即位	◀----	庚子	辛丑	壬寅	履中元年	履中即位
437	履	（倭王珍朝貢）	↓	癸卯	甲辰	乙巳		
438		反正即位	◀----	丙午	丁未	戊申	反正元年	反正即位
439	反			己酉	庚戌	辛亥		
440		允恭即位	◀----	壬子	癸丑	甲寅	允恭元年	允恭即位
441				乙卯	丙辰	丁巳		
442		雄略誕生	◀----	戊午	己未	庚申	允恭07年	雄略誕生
443		倭王済朝貢		辛酉	壬戌	癸亥		
444				甲子	乙丑	丙寅		
445	允			丁卯	戊辰	己巳		
446				庚午	辛未	壬申		
447		木梨立太子	◀----	癸酉	甲戌	乙亥	允恭23年	木梨立太子
448				丙子	丁丑	戊寅		
449	恭			己卯	庚辰	辛巳		
450				壬午	癸未	甲申		
451		倭王済朝貢		乙酉	丙戌	丁亥		
452				戊子	己丑	庚寅		
453		允恭崩御	◀----	辛卯	壬辰	癸巳	允恭42年	允恭崩御

反正が即位してすぐに朝貢したとしても宋の徐正を得られるの
は通常翌年なので、この朝貢は履中によるものと思われ、「438
年の珍の朝貢は履中による」とする宝賀寿男氏の説が正しいと
考えます。

　それでは復元された年表に沿って歴史の流れをみてみましょ
う。420年の宋建国時の朝貢に次いで425年にも讃（仁徳）が
朝貢しますが、これは太祖の即位の慶賀の使節と思われます。
翌426年に宋から答礼の使者が高句麗を道案内として来日、そ
れが仁徳58年の「呉・高句麗朝貢す」の記事です。

　435年、仁徳が没すると、住吉仲皇子が反乱を起こしますが、
反正が仲皇子を殺して履中の即位を助けます。履中はこれに報
いて反正を皇太子とします。そして宋に朝貢したのが438年の
「倭王珍の朝貢」で、この時「倭隋を平西将軍に推挙」したと
いう記事は、反正を平西将軍に推挙したことを意味しています。
しかし履中は在位2年で没したため、438年に反正が即位、こ
の反正も2年弱で没したため、440年に弟の允恭が即位します。
442年（允恭7年）に雄略が誕生、443年に允恭が宋に朝貢し
たのが「倭王済の朝貢」です。允恭は451年にも宋に朝貢し、
453年に没します。

　この年表には百済関連の記事が全くみられません。そのため、
百済記からの転記時にみられる「干支の混同による転記ミス」
がなく、日本書紀の年代を三倍暦の換算式で西暦に変換しただ
けで正しい年表が復元されているのです。

第4節　三倍暦によって復元された年表 (その4) の解説

　図表6－4は454年から483年までの30年間の歴史を復元した年表です。

　小川清彦氏の説によれば、454年から我が国でも元嘉暦が使われ始めたとされていますから、454年以降は書紀年代と外国資料の年代とは一致しているはずで、確かに462年の倭王世子興の遣使の記事は雄略6年の「呉国貢献」と一致しています。ところが身狭村主青の遣使の記事は464年と468年となっていて、宋書の477、478年の倭王武の遣使の記事とは10年以上の開きがあります。また、栲幡皇女の自殺も雄略3年となっていて、皇女の年齢とは全くかけ離れた年代となっています。

　その理由は、「栲幡皇女の悲劇」や「身狭村主青の遣使」で述べたように、この時期、国内ではまだ三倍暦が使用されていて、その三倍暦で記された国内資料を一倍暦の書紀に転記したときに、「干支の混同による転記ミス」が起こったためであると考えられます。その結果、栲幡皇女の没年も身狭村主青の遣使も雄略治世前半に転記されてしまいましたが、図表のように干支を復元してみれば、栲幡皇女の自殺は475年の出来事で、皇女が17歳頃の事件であったと考えられます。また、身狭村主青の遣使も干支の一致から477年と478年の倭王武の遣使で

図表6－4　三倍暦によって復元された年表　その4（454年～483年）

西暦	復元された年表（一倍暦）	国内資料（三倍暦）				書紀干支	書紀年代	書紀記事
454	安康即位	甲午	乙丑	丙寅		甲午		安康即位
455	安	34	35	36				
456	康 眉輪王事件	37	38	39			雄略	
457	市辺執政	40	41	42		丁酉	01	雄略即位
458		43	44	45			02	
459		46	47	48		己亥	03	梓幡自殺
460	倭国遣使	49	50	51			04	
461	市辺殺害	52	53	54			05	
462	倭王世子興	55	56	57	←--	壬寅	06	呉国貢献
463		58	59	60			07	
464		01	02	03		甲辰	08	身狭遣使
465	雄	04	05	06			09	
466		07	08	09		丙午	10	身狭帰国
467		10	11	12			11	
468	略	13	14	15		戊申	12	身狭遣使
469		16	17	18			13	
470		19	20	21		庚戌	14	身狭帰国
471		22	23	24			15	
472		25	26	27			16	
473		28	29	30			17	
474		31	32	33			18	
475	梓幡自殺	34	35	己亥			19	
476		37	38	39			20	
477	倭王武遣使	40	甲辰	42			21	
478	倭王武遣使	丙午	44	戊申			22	
479	雄略崩御	46	庚戌	48	←--		23	雄略崩御
480	清寧即位	49	50	51	←--		清寧	清寧即位
481	清	52	53	54				
482	寧	55	56	57				
483		58	59	60				

あることがわかるのです。

　それでは復元された年表に沿って歴史の流れをみてみます。

　454 年、木梨軽皇子を倒して安康天皇が即位しますが、在
位 3 年目（456 年）に眉輪王によって殺されてしまいます。
安康の弟の雄略は眉輪王や八釣白彦皇子や坂合黒彦皇子を
殺して安康の仇をうちますが、若年（15 歳）ゆえに即位できず、
市辺押磐皇子の執政が行われます（457 年）。市辺押磐皇子は
執政の間に自分の地位を確かなものとするため、460 年に倭王
世子興として宋に朝貢し倭国王の叙任を得ようとしますが、そ
れが雄略の知るところとなり殺されてしまいます（461 年）。
即位した雄略は宋に朝貢しようとしますが、その矢先（462 年）
に宋から「興（市辺押磐皇子）を倭国王とする。」という使者
が到着したため、朝貢を断念します。このときの宋の使者が雄
略 6 年の「呉国、使いを遣して貢献す」（呉国貢献）に相当す
ると思われます。なお、457 年から 460 年までの市辺の執政期
間は雄略の在位期間に取りこまれてしまったと考えられます。

　475 年、高句麗の長寿王は百済を攻撃し、蓋鹵王を攻め殺しま
す。雄略はこれを怒り、477 年と 478 年に宋に遣使し、上表文に
て高句麗の無道を訴えます。これが日本書紀では身狭村主青の二
度の宋への遣使とされているものです。年代が異なるのは、国内
資料の干支が三倍暦で記されていたためで、年代を復元すると二
度の遣使がふたつともぴったり一致することがわかります。

　479 年雄略が没した後、星川皇子の反乱を鎮圧して太子の清
寧が即位します。

第5節　三倍暦によって復元された年表
のまとめ

　この章では三倍暦による日本書紀の実年代の復元を試みました。年表の復元は大きく三つの期間に分けられます（図表6－5）。

　まず第1の期間は366年から405年までで、日本書紀の記事は外国記事を中心に百済記からの転記によって構成されています。この転記の際、編纂者は書紀の干支が三倍暦であることを知らずに干支を揃えて転記したため、「干支の混同による転記ミス」によって366年の斯麻宿禰派遣から新羅攻略、七支刀献上、肖古王没、辰斯王没、阿花王没などの百済記の40年間の記事が、神功46年（384年）から応神16年（397年）までの13年間に圧縮されて書き込まれているのです。

　次に第2の期間ですが、405年から453年までが相当し、この間は百済記からの転記がないため、書紀年代を三倍暦で換算した年代は外国記事の年代にぴったり一致します。それをよく示すのが「新斉都媛来日」と「呉・高句麗朝貢」の記事です。「新斉都媛来日」は阿花王が亡くなった年に人質の直支王が百済に帰国し、代わりに妹の新斉都媛を日本に送ったものと考えられますが、「新斉都媛来日」の応神39年を西暦に換算すると405年となり、阿花王没年にぴったり一致するのです。また、

図表 6−5　外国史料と日本書紀の年代の比較

西暦	外国史料記事	百済干支		書紀干支	書紀年代	書紀記事	西暦
366	斯麻宿禰派遣	丙寅			仲哀元年	仲哀即位	366
369	新羅攻略	己巳			神功元年	三韓征伐	369
372	七支刀献上	壬申					
375	肖古王没	乙亥		丙寅	神功46年	斯麻宿禰派遣	384
				己巳	神功49年	三韓征伐	
				壬申	神功52年	七支刀献上	
				乙亥	神功55年	肖古王没	387
392	辰斯王没	壬辰		壬辰	応神3年	辰斯王殺害	392
				丁酉	応神8年	直支王来日	
397	直支王来日	丁酉		乙巳	応神16年	阿花王没年	397
405	阿花王没年	乙巳					
405	直支王即位				応神39年	新斉都媛来日	405
408	倭・百済大敗				仁徳4年	かまどの煙	408
413	倭・呉へ朝貢				仁徳12年	高句麗鉄盾献上	410
421	倭王讃朝貢						
425	倭王讃朝貢				仁徳58年	呉・高句麗朝貢	426
430	倭王讃朝貢						
438	倭王珍朝貢				履中元年	履中即位	436
443	倭王済朝貢				允恭元年	允恭即位	440
446							
451	倭王済朝貢						
454					安康元年	安康即位	454
461	武寧王誕生				雄略5年	嶋王誕生	461
462	倭王興朝貢				雄略6年	呉国貢献	462
				甲辰	雄略8年	身狭村主青遣使	464
		三倍暦		戊申	雄略10年	身狭村主青遣使	466
477	倭王武朝貢	甲辰					
478	倭王武上表	戊申					
480					清寧元年	清寧即位	

「呉・高句麗の朝貢」は 425 年の「倭王讃の朝貢」に対する宋の返礼の使節が高句麗を道案内として来日したことを示していると思われますが、仁徳 58 年を三倍暦で換算すると 426 年となり、朝貢の翌年となってよく一致しています。また、438 年の「倭王珍の朝貢」は履中が即位後 2 年目に送った遣使で、履中即位年を西暦に換算すると 436 年となり、よく一致します。また、443 年の「倭王済の朝貢」は允恭が即位後 3 年目に送った遣使で、允恭即位年を西暦に換算すると 440 年となってこれもよく一致しています。

　次に第 3 の期間ですが、454 年から 480 年までがそれに相当し、この間は書紀の年代が元嘉暦に基づいて記載されているため、書紀年代と西暦年代がぴったり一致しています。その好例が雄略 5 年の「嶋王誕生」の記事で、461 年の武寧王誕生の記事とよく一致しています。また、雄略 6 年の「呉国貢献」の記事は 462 年の「倭王興朝貢」に対する宋からの返礼の使節に相当するもので、これもよく一致しています。しかし、雄略 8 年と 10 年の「身狭村主青の遣使」は 477 年と 478 年の倭王武の朝貢とは大きくずれています。その理由は国内ではまだ三倍暦の干支が使われていたため、その干支を編纂者が元嘉暦の干支と勘違いして日本書紀に書き込んだためであろうと思われます。実際、477 年と 478 年の三倍暦の干支をみると「甲辰」と「戊申」が存在し、それが元嘉暦では雄略 8 年と雄略 10 年に相当するからです。このように、復元された書紀の年代が外国記事の年代とぴったり一致するということは、とりもなおさず三倍

暦説の正しさを証明していると言えるのではないでしょうか。

第6節　「三倍暦説」と「高城説」との類似性

　紀年に関する研究において、最近は二倍暦（春秋暦）を用いた年代の復元が盛んです。私は二倍暦説の中で最も蓋然性が高いのは高城氏の説ではないかと思っています。その理由は復元された年表が書紀のストーリーとよく整合性がとれていることと、各天皇の活躍年代が外国史料とよく一致しているからです。

　高城氏は日本書紀の編纂態度を「異説を安易に排除せず、矛盾を矛盾のままに書き記し、それをカッコに入れておいて後世の判断を待とうとした態度である。」と評価し、「できるかぎり先行する文献や古伝承に忠実であろうとしたのではないか。」と考え、書紀に記された事績はおおむね正しく、年代は二倍暦で記されたために延長されていると判断したのです。

　しかしながら高城氏の復元した年表は、図表6－6に示すように、書紀年代を単純に半分にした「二倍暦年表」と比較すると、かなり異なるものとなっています。二倍暦説に立つ高城氏の年表が、なぜこのように「二倍暦年表」から乖離しているのでしょうか？　その理由は、高城氏が書紀の内容と外国文献との整合性を求めた結果、「二倍暦年表」では外国史料と年代が合わないと判断し、編纂時に編纂者によって「虚構年を用いた

年代延長」という恣意的な年代操作がおこなわれたのではないかと考えたからだと思います。その結果、図表6－6に示すように崇神即位年の80年近いずれなど、「二倍暦年表」から大きく乖離することとなったのです。

ところが高城氏の年表を私の「三倍暦説」と比べてみたところ、意外なことに驚くほど近い年代構成になっていることに気づきました。たとえば崇神即位年は高城説では256年ですが三倍暦説では270年、垂仁即位年は高城説では290年ですが三倍暦説では293年、景行即位年は高城説では316年ですが三倍暦説では326年です。成務天皇から応神天皇までは多少違いがありますが、その後は再び年代が近づき、仁徳即位年は高城説では410年ですが三倍暦説では407年、履中即位年は高城説では437年ですが三倍暦説では436年、反正即位年は高城説では438年ですが三倍暦説でも438年、允恭即位年は高城説では439年ですが三倍暦説では440年、といった具合にほとんど同じような年代構成になっているのです。

このことから、日本書紀の旧辞にしたがい、外国史料との整合性を保ちながら年代を復元していくと、その年表はしだいに「二倍暦年表」から離れ、「三倍暦説」に近づいていくということが言えるのではないかと思います。これはすなわち「三倍暦説」が真実により近い仮説であることを示唆しているのではないでしょうか。

図表6－6 「三倍暦説」と「高城説」との類似性

古代天皇	二倍暦年表 （即位年）	高城説 （即位年）	三倍暦説 （即位年）
10. 崇神	179 年	256 年	270 年
11. 垂仁	213	⟨290⟩	⟨293⟩
12. 景行	263	316	326
13. 成務	293	334	346
14. 仲哀	323	339	366
神功	328	343	369
15. 応神	362	368	392
16. 仁徳	384	⟨410⟩	⟨407⟩
17. 履中	427	437	436
18. 反正	430	⟨438⟩	⟨438⟩
19. 允恭	433	439	440
20. 安康	454	460	454
21. 雄略	457	⟨461⟩	⟨461⟩
22. 清寧	480	483	480
23. 顕宗	485	487	485
24. 仁賢	488	489	488
25. 武烈	499	499	499

終　章

　私が日本書紀に興味をもつようになったきっかけは、竹田昌暉氏の『一三〇〇年間封印された日本書紀の謎』(徳間書店)に出会ったことでした。その中で「百済の五王の没年が書紀と百済記との間で正確に 120 年のずれがある。」ということを初めて知ったのです。私にはこれが非常に不思議なことに思えました。日本書紀の年代は允恭(いんぎょう)以前はすべて出鱈目であるとされているのに、どうして百済の五王の没年だけが正確に 120 年ずれているのでしょうか?

　歴史学者や研究者はその理由を書紀の編纂者の造作であると考えているようです。すなわち神功皇后を卑弥呼に比定するために活躍年代を 120 年繰り上げたというのです。私はこの見解に大きな疑問を感じました。なぜなら日本書紀は中国に対して日本が対等の独立国であることを主張するために書かれたものだからです。朝貢の事実は絶対認めたくないはずです。現に倭の五王の朝貢はすべて消し去られているのです。卑弥呼は中国に何度も朝貢していますから、編纂者が神功を卑弥呼に比定するはずがありません。たとえ神功が卑弥呼であったとしても、編纂者はむしろその事実を隠そうとするはずではないでしょ

か？「百済の五王の没年」の120年の繰り上げは神功を卑弥呼に比定するためではなく、なにかもっと別の理由があったに違いないのです。

その理由をさぐるため、安康から神功までの年代がどのように引き延ばされているのかを調べてみることにしました。しかし、そのためにはまず、本当の年代を知る必要があります。そこで古代天皇の即位年に関する多くの論考の中から最も科学的根拠があると思われるものを選び出し、安康から神功までの7人の天皇（神功皇后を含む）の即位の実年代を推定し、それをグラフ上にプロットして書紀年代と推定実年代の相関関係を調べてみました。その結果、ほぼ正確に書紀年代が推定実年代の三倍になっていることがわかったのです。私はこれを「日本書紀の年代の法則」と名づけることにしました。そして書紀年代が三倍になっている理由は古代において三倍暦が使われていたためではないか、という仮説を立てたのです。

ところが、この仮説に立って書紀年代を西暦に換算してみたところ、国内記事は非常によく整合しましたが、「百済の五王の没年」などの外国記事は百済記の年代に一致しなかったのです。その理由は「直支王の幽霊」の謎を解いたときに判明しました。すなわち、日本書紀の編纂者が百済記の記事を原日本書紀に転記する際、原日本書紀の干支が三倍暦であることを知らずに干支をそろえて書き込んだため、百済記の記事の年代が三分の一に圧縮されて書き込まれる結果となってしまったのです（「干支の混同による転記ミス」）。さらに三倍暦で記された原日

本書紀の年代を本居宣長らが西暦に換算した際、彼らも原日本書紀が三倍暦で記されていることに気づかずに一干支（4か月）を一年（12か月）として換算したため、日本書紀の年代は三倍に延長され、同時に「百済の五王の没年」全体が120年繰り上げられる結果となったのです。すなわち120年のずれは編纂者が神功を卑弥呼に重ねようとして意図的にずらしたためではなく、編纂者も本居宣長も三倍暦に気づいていなかったために起こったことだったのです。

　このように「三倍暦説」に立って日本書紀を解読した結果、図表7に示すように「百済の五王の没年の謎」をはじめとする日本書紀の多くの謎を解き明かすことができたと考えます。中でも自信をもって提示したいのが「倭王世子興の正体」です。「倭王世子興」は安康天皇というのが定説ですが、安康は「倭王世子興」が遣使する4年以上前に亡くなっているため、その説は成立しません。なぜなら小川清彦氏の暦日の研究によれば、安康の時代から年代は元嘉暦で記録されていて、安康の没年は456年であることが明らかだからです。したがって462年の「倭王世子興」の遣使は安康ではあり得ないのです。私は「倭王世子興」は市辺押磐皇子であると思います。この説は明治時代に菅政友によって提唱された説ですが、私がこれを支持する理由は、安康が亡くなった456年の時点で中国に遣使できる皇子は雄略と市辺のふたりしかおらず、雄略は「倭王武」ですから残るのは市辺押磐皇子だけだからです。書紀には雄略は安康が亡くなった翌年に即位したように記されていますが、実際に

198

図表7　三倍暦で解けた「日本書紀の謎」

NO	日本書紀の謎	謎の内容
01	かまどの煙	仁徳が３年ずつ２回の課税免除をおこなったというのは本当か？
02	武内宿禰の長寿	武内宿禰の285歳の長寿はどういうことか？
03	直支王の幽霊	直支王が自分の死後に妹を派遣したというのはどういうことか？
04	神功皇后空白の40年	神功の三韓征伐後に40年の空白があるのはなぜか？
05	百済の五王の没年の謎	百済の五王の没年が書紀と百済記とで120年のずれがあるのはなぜか？
06	酒楽の歌	酒楽の歌のあとにある「太歳己未」の意味は？
07	仲哀天皇の誕生年	仲哀が父のヤマトタケルの死後、35年たってから生まれたとされているのはなぜか？
08	景行天皇の誕生年	景行の誕生年に40年近いずれがある。
09	垂仁天皇の誕生年	垂仁の誕生年に30年以上のずれがある。
10	履中天皇の誕生年	履中の誕生年に10年以上のずれがある。
11	栲幡皇女の悲劇	栲幡皇女が２歳で妊娠したことになる？
12	身狭村主青の遣使	身狭村主青の遣使が宋書と10年以上のずれがあるのはなぜか。
13	倭王世子興の正体	倭王世子興は安康とされているが、なぜ安康だけが「世子」として朝貢したのか？
14	雄略天皇の年齢	雄略は眉輪王事件の時39歳とされているが、古事記には「童子だった」と記されている。
15	継体天皇の年齢	継体は57歳で即位したとされているが、古事記では19歳だったことになる。
16	辛亥の変	百済本記に「辛亥の年（531年）に日本の天皇・皇太子・皇子がみな死んだ。」と記されている。

はこの時点で雄略はまだ即位していなかったのです。なぜ雄略は即位できなかったのでしょうか？　それは雄略が即位するには若すぎたからです。古事記には「その時（安康が亡くなった時）雄略は童子だった。」と記されています。三倍暦の計算では、このとき雄略はまだ15歳だったのです。それゆえ安康に後事を託されていた市辺が暫定的に数年間執政し、その間に中国へ「倭王世子興」として遣使したのだと思います。これは中国から倭国王の叙任を得て即位するためだったのですが、それが雄略の知るところとなり殺されてしまったのでしょう。

　このように允恭以前に三倍暦が使われていたと仮定することにより、今まで解明できなかった日本書紀の多くの謎を解き明かすことができたと思います。「三倍暦説」はまだひとつの仮説にすぎませんが、今まで全く出鱈目であると思われていた日本書紀の年代や古代天皇の年齢が仮説の設定の仕方によって合理的に説明し得ることを提示できたことはひとつの大きな成果であると自負しています。

　西暦2020年に日本書紀成立1300周年を迎えたのを契機として、古代史研究が日本書紀の真実性を見直す方向に転換されることを切望いたします。そして日本書紀が「机上の創作」ではなく「真実に基づいた歴史書」として蘇り、神武東征からの建国の歴史が明らかになることを期待したいと思います。

　この本を義父の故・上村健三氏に捧げます。義父は私の研究をもっとも早くから理解し、励ましてくださいました。また、

共同研究者の松塚和明氏に深く感謝申し上げます。氏の協力なくしては本書は生まれなかったことでしょう。最後に、無名の私の本をこの世に送り出してくださった現代書館の菊地泰博氏と原島康晴氏に心から御礼申し上げます。ありがとうございました。

　2022 年 8 月 27 日　　　　　　　　　　　　　　　福田　　健

エピローグ（ニュートンのりんご）

　それは満月の夜のことでした。ニュートンは庭の椅子に腰かけ、月を眺めながら瞑想にふけっていました。「万物に引力が働いている。当然、月にも引力が働いている。そうでなければ月は宇宙の彼方へ飛び去ってしまうだろう。それなのに、なぜ月は地球に落ちてこないのだろうか？」。その時、目の前にポトリとりんごが落ちてきたのです。その瞬間、ニュートンははっと気づきました。「月も地球に向かって落ちているのだ！けれども、ものすごいスピードで横方向へ動いているため、近づきもせず、遠ざかりもせず、結果として地球の周りをぐるぐる回り続けているのだ！」（ジャン＝ピエール・モーリ著『ニュートン』〔＊33〕）

　私も月を眺めながら日本書紀の謎について想いをめぐらせていました。「日本書紀によれば応神天皇は雄略天皇の約180年前の天皇だという。また、百済記によれば百済太子の直支王は雄略即位の60年前に来日している。すなわち応神は直支王の120年前の天皇なのである。ところが書紀には応神が直支王にむかって『汝、国に帰りて王位を継げ。』と言ったと記されているのだ。120年前の応神がどうやって直支王に語りかけることができたのだろうか？」次の瞬間、私の目の前にりんごが落

ちてきたのです。「もしかしたら古代の日本では年の数え方が違っていたのではないだろうか？　百済の60年が日本では180年だったのではないか？」

　私はこのりんごを大切にしようと心に決めました。そして外国資料と日本書紀の年代の違いを追求した結果、「日本書紀の年代は実年代の三倍に延長されている。」という「日本書紀の年代の法則」にたどり着くことができたのです。

　これはもちろん仮説です。しかも、ど素人の仮説です。けれども、ある大学の教授がこのようにおっしゃっていました。

　「新しい発見をする者は、若者、馬鹿者、よそ者である。」

　この言葉は既成概念や固定観念にとらわれず、自由な発想のできる者だけが新しい発見をなし得ることを意味しています。私は歴史学者が日本書紀を信じないのであれば、自分は日本書紀をとことん信じてやってみようと決意しました。それは「よそ者」（もしくは馬鹿者）の私だからこそできることなのではないでしょうか。

　日本書紀は当時の日本の超エリート官僚が集まって作り上げた歴史書です。超大国である大唐帝国に対抗するため、40年もかかって編纂された国史なのです。文官にとって国史の編纂は命がけです。彼らは白村江の敗戦の屈辱を日本書紀の編纂によって雪辱する覚悟で取り組んだのでしょう。根も葉もないでっち上げであるはずがありません。一見、荒唐無稽に思える年代や年齢にもきっと何か理由があるはずです。本書はそれに対するひとつの答えなのです。

【引用文献】

1. 津田左右吉　『古事記及び日本書紀の研究』　毎日ワンズ　2018 年
2. 角林　文雄　『日本国誕生の風景』　塙書房　2005 年
3. 古田　武彦　『失われた九州王朝』　ミネルヴァ書房　2010 年
4. 高城　修三　『紀年を解読する』　ミネルヴァ書房　2000 年
5. 小川　清彦　『日本書紀の暦日に就て』　内田正男編著『日本書紀暦日原典』所収　1946 年
6. 倉西　裕子　『日本書紀の真実』　講談社　2003 年
7. 森　　公章　『倭の五王』　山川出版社　2010 年
8. 高城　修三　『日出づる国の古代史』　現代書館　2011 年
9. 宝賀　寿男　『「神武東征」の原像』　青垣出版　2006 年
10. 伊藤　友一　『倭の五王は誰か』　東京図書出版　2017 年
11. 竹田　昌暉　『一三〇〇年間解かれなかった日本書紀の謎』徳間書店　2004 年
12. 直木孝次郎　『日本古代史と応神天皇』　塙書房　2015 年
13. 若井　敏明　『邪馬台国の滅亡』　吉川弘文館　2010 年
14. 砂川　恵伸　『古代天皇実年の解明』　新泉社　2005 年
15. 長浜　浩明　『国民のための日本建国史』アイバス出版　2015 年
16. 橋本　輝彦　『邪馬台国からヤマト王権へ』　ナカニシヤ出版　2014 年
17. 石野　博信　『邪馬台国の候補地・纒向遺跡』　新泉社　2008 年
18. 藤井耕一郎　『武内宿禰の正体』　河出書房新社　2012 年
19. 金森　信和　『よみがえった原日本書紀』　和泉書院　2013 年
20. 大平　　裕　『日本古代史　正解』　講談社　2009 年
21. 藤堂　明保　『倭国伝』講談社学術文庫　2010 年
22. 竹田　昌暉　『一三〇〇年間封印された日本書紀の暗号』徳間書店　2013 年
23. 大平　　裕　『暦で読み解く古代天皇の謎』　PHP 文庫　2015 年
24. 山田　英雄　『日本書紀の世界』　講談社学術文庫　2014 年
25. 河内　春人　『倭の五王』　中公新書　2018 年
26. 牧村　健志　『よみがえる神武天皇』　PHP　2016 年
27. 岡田　英弘　『倭国の時代』　ちくま文庫　2009 年
28. 井上　光貞　『日本書紀Ⅱ』　中公クラシックス　2003 年
29. 前田　晴人　『継体天皇と王統譜』　同成社　2010 年
30. 遠藤　慶太　『東アジアの日本書紀』　吉川弘文館　2012 年
31. 井上　政典　『オッショイ！福岡の神社が面白い』　啓文社書房　2017 年
32. 『伊勢神宮と遷宮の「かたち」』　扶桑社　2017 年
33. ジャン＝ピエール・モーリ　『ニュートン——宇宙の法則を解き明かす』創元社　2008 年

復元された日本書紀年表

図表A-1　復元された日本書紀年表

	天皇	復元された日本書紀	治政年度 崇神垂仁	三倍暦干支	書紀年代	備考
270		崇神天皇即位	⑴	壬午　癸未　(甲申)	-99　-98　(97)	
271			02 03 04	乙酉　丙戌　丁亥	-96　-95　-94	
272		太田田根子を祭主	05 06 07	戊子　己丑　庚寅	-93　-92　-91	
273		四道将軍派遣	08 09 10	辛卯　壬辰　癸巳	-90　-89　-88	
274		課役を定む	11 12 13	甲午　乙未　丙申	-87　-86　-85	
275			14 15 16	丁酉　戊戌　己亥	-84　-83　-82	
276			17 18 19	庚子　辛丑　壬寅	-81　-80　-79	
277	崇		20 21 22	癸卯　甲辰　乙巳	-78　-77　-76	
278			23 24 25	丙午　丁未　戊申	-75　-74　-73	
279			26 27 28	己酉　庚戌　辛亥	-72　-71　-70	
280			29 30 31	壬子　癸丑　甲寅	-69　-68　-67	
281			32 33 34	乙卯　丙辰　丁巳	-66　-65　-64	
282			35 36 37	戊午　己未　庚申	-63　-62　-61	
283			38 39 40	辛酉　壬戌　癸亥	-60　-59　-58	
284	神		41 42 43	甲子　乙丑　丙寅	-57　-56　-55	
285			44 45 46	丁卯　戊辰　己巳	-54　-53　-52	
286		垂仁立太子	47 48 49	庚午　辛未　壬申	-51　-50　-49	
287			50 51 52	癸酉　甲戌　乙亥	-48　-47　-46	
288			53 54 55	丙子　丁丑　戊寅	-45　-44　-43	
289			56 57 58	己卯　庚辰　辛巳	-42　-41　-40	
290		出雲の神宝献上	59 60 61	壬午　癸未　甲申	-39　-38　-37	
291			62 63 64	乙酉　丙戌　丁亥	-36　-35　-34	
292		ソナカシチ朝貢	65 66 67	戊子　己丑　庚寅	-33　-32　-31	
293		垂仁即位	68 ⑴ 02	辛卯　(壬辰)　癸巳	-30　(29)　-28	
294		サオビコの乱	03 04 05	甲午　乙未　丙申	-27　-26　-25	
295			06 07 08	丁酉　戊戌　己亥	-24　-23　-22	
296	垂		09 10 11	庚子　辛丑　壬寅	-21　-20　-19	
297			12 13 14	癸卯　甲辰　乙巳	-18　-17　-16	
298		ヒバス媛皇后	15 16 17	丙午　丁未　戊申	-15　-14　-13	
299	仁		18 19 20	己酉　庚戌　辛亥	-12　-11　-10	
300			21 22 23	壬子　癸丑　甲寅	-09　-08　-07	
301			24 25 26	乙卯　丙辰　丁巳	-06　-05　-04	

図表A−2　復元された日本書紀年表

西暦	天皇	復元された日本書紀	治政年度垂仁景行	三倍暦干支	書紀年代	備考
302			27　28　29	戊午　己未　庚申	-003 -002 -001	
303		ヒバス媛没	30　31　32	辛酉　壬戌　癸亥	001　002　003	
304			33　34　35	甲子　乙丑　丙寅	004　005　006	
305			36　37　38	丁卯　戊辰　己巳	007　008　009	
306			39　40　41	庚午　辛未　壬申	010　011　012	
307			42　43　44	癸酉　甲戌　乙亥	013　014　015	
308	垂		45　46　47	丙子　丁丑　戊寅	016　017　018	
309			48　49　50	己卯　庚辰　辛巳	019　020　021	
310			51　52　53	壬午　癸未　甲申	022　023　024	
311			54　55　56	乙酉　丙戌　丁亥	025　026　027	
312			57　58　59	戊子　己丑　庚寅	028　029　030	
313			60　61　62	辛卯　壬辰　癸巳	031　032　033	
314	仁		63　64　65	甲午　乙未　丙申	034　035　036	
315			66　67　68	丁酉　戊戌　己亥	037　038　039	
316			69　70　71	庚子　辛丑　壬寅	040　041　042	
317		景行立太子	72　73　74	癸卯　甲辰　乙巳	043　044　045	
318			75　76　77	丙午　丁未　戊申	046　047　048	
319			78　79　80	己酉　庚戌　辛亥	049　050　051	
320			81　82　83	壬子　癸丑　甲寅	052　053　054	
321			84　85　86	乙卯　丙辰　丁巳	055　056　057	
322		天日矛の神宝	87　88　89	戊午　己未　庚申	058　059　060	
323		田道間守常世国へ	90　91　92	辛酉　壬戌　癸亥	061　062　063	
324			93　94　95	甲子　乙丑　丙寅	064　065　066	
325			96　97　98	丁卯　戊辰　己巳	067　068　069	
326		景行即位	99　⑪　02	庚午　⟨辛未⟩　壬申	070　⑪　072	
327		八坂入媛を妃とす	03　04　05	癸酉　甲戌　乙亥	073　074　075	
328	景		06　07　08	丙子　丁丑　戊寅	076　077　078	
329			09　10　11	己卯　庚辰　辛巳	079　080　081	
330		景行九州遠征	12　13　14	壬午　癸未　甲申	082　083　084	
331			15　16　17	乙酉　丙戌　丁亥	085　086　087	
332	行		18　19　20	戊子　己丑　庚寅	088　089　090	
333			21　22　23	辛卯　壬辰　癸巳	091　092　093	

図表A-3　復元された日本書紀年表

西暦	天皇	復元された 日本書紀	治政年度 景行成務	三倍暦干支			書紀年代			備考
332			18 19 20	戊子	己丑	庚寅	088	089	090	
333			21 22 23	辛卯	壬辰	癸巳	091	092	093	
334			24 25 26	甲午	乙未	丙申	094	095	096	
335	景	日本武尊熊襲征伐	27 28 29	丁酉	戊戌	己亥	097	098	099	
336			30 31 32	庚子	辛丑	壬寅	100	101	102	
337			33 34 35	癸卯	甲辰	乙巳	103	104	105	
338			36 37 38	丙午	丁未	戊申	106	107	108	
339	行	日本武尊東国征伐	39 40 41	己酉	庚戌	辛亥	109	110	111	
340		日本武尊没	42 43 44	壬子	癸丑	甲寅	112	113	114	
341		成務皇太子	45 46 47	乙卯	丙辰	丁巳	115	116	117	
342			48 49 50	戊午	己未	庚申	118	119	120	
343			51 52 53	辛酉	壬戌	癸亥	121	122	123	
344			54 55 56	甲子	乙丑	丙寅	124	125	126	
345		高穴穂宮行宮	57 58 59	丁卯	戊辰	己巳	127	128	129	
346		成務即位	60 ①① 02	庚午	辛未	壬申	130	⑬⑴	132	
347		国県の境を定む	03 04 05	癸酉	甲戌	乙亥	133	134	135	
348			06 07 08	丙子	丁丑	戊寅	136	137	138	
349			09 10 11	己卯	庚辰	辛巳	139	140	141	
350			12 13 14	壬午	癸未	甲申	142	143	144	
351	成		15 16 17	乙酉	丙戌	丁亥	145	146	147	
352			18 19 20	戊子	己丑	庚寅	148	149	150	
353			21 22 23	辛卯	壬辰	癸巳	151	152	153	
354			24 25 26	甲午	乙未	丙申	154	155	156	
355			27 28 29	丁酉	戊戌	己亥	157	158	159	
356	務		30 31 32	庚子	辛丑	壬寅	160	161	162	
357			33 34 35	癸卯	甲辰	乙巳	163	164	165	
358			36 37 38	丙午	丁未	戊申	166	167	168	
359			39 40 41	己酉	庚戌	辛亥	169	170	171	
360			42 43 44	壬子	癸丑	甲寅	172	173	174	
361			45 46 47	乙卯	丙辰	丁巳	175	176	177	
362		仲哀立太子	48 49 50	戊午	己未	庚申	178	179	180	
363			51 52 53	辛酉	壬戌	癸亥	181	182	183	

図表A−4　復元された日本書紀年表

西暦	天皇	復元された日本書紀	治政年度 仲哀神功	三倍暦干支	書紀年代	備考
364			54 55 56	甲子 乙丑 丙寅	184 185 186	
365			57 58 59	丁卯 戊辰 己巳	187 188 189	
366		仲哀即位	60 ⑪	庚午 辛未 ㊉申	190 191 ⑲⑫	
367	仲		02 03 04	癸酉 甲戌 乙亥	193 194 195	
368	哀		05 06 07	丙子 丁丑 戊寅	196 197 198	
369		神功摂政開始	08 09 ⑪	己卯 庚辰 ㊗巳	199 200 ⑳⑪	
370			02 03 04	壬午 癸未 甲申	202 203 204	
371			05 06 07	乙酉 丙戌 丁亥	205 206 207	
372		七支刀献上 (**壬申**)	08 09 10	戊子 己丑 庚寅	208 209 210	＊
373			11 12 13	辛卯 壬辰 癸巳	211 212 213	＊＊
374			14 15 16	甲午 乙未 丙申	214 215 216	
375		肖古王没	17 18 19	丁酉 戊戌 己亥	217 218 219	
376	神		20 21 22	庚子 辛丑 壬寅	220 221 222	
377			23 24 25	癸卯 甲辰 乙巳	223 224 225	
378			26 27 28	丙午 丁未 戊申	226 227 228	
379			29 30 31	己酉 庚戌 辛亥	229 230 231	
380			32 33 34	壬子 癸丑 甲寅	232 233 234	
381	功	酒楽の歌 (成人式)	35 36 37	乙卯 丙辰 丁巳	235 236 237	＊＊
382			38 39 40	戊午 己未 庚申	238 239 240	
383			41 42 43	辛酉 壬戌 癸亥	241 242 243	
384		貴須王没	44 45 46	甲子 乙丑 丙寅	244 245 246	
385		枕流王没	47 48 49	丁卯 戊辰 己巳	247 248 249	
386			50 51 **52**	庚午 辛未 **壬申**	250 251 252	＊
387			53 54 55	癸酉 甲戌 乙亥	253 254 255	
388			56 57 58	丙子 丁丑 戊寅	256 257 258	
389			59 60 61	己卯 庚辰 辛巳	259 260 261	
390			62 63 64	壬午 癸未 甲申	262 263 264	
391			65 66 67	乙酉 丙戌 丁亥	265 266 267	
392		応神即位、辰斯没	68 69 ⑪	戊子 己丑 ㊍寅	268 269 ㉗⑩	
393	応神		02 03 04	辛卯 壬辰 癸巳	271 272 273	

＊百済記の壬申 (372年) の七支刀の記事が神功52年の壬申に誤記された。

＊＊応神13年 (西暦381年) の酒楽の記事が神功13年に誤記された。

図表A-5　復元された日本書紀年表

西暦	天皇	復元された日本書紀	治政年度 応神仁徳			三倍暦干支			書紀年代			備考
394			05	06	07	甲午	乙未	丙申	274	275	276	
395		高句麗に百済大敗	08	09	10	丁酉	戊戌	己亥	277	278	279	
396			11	12	13	庚子	辛丑	壬寅	280	281	282	
397		直支王来日	14	15	16	癸卯	甲辰	乙巳	283	284	285	
398			17	18	19	丙午	丁未	戊申	286	287	288	
399	応		20	21	22	己酉	庚戌	辛亥	289	290	291	
400		好太王新羅へ	23	24	25	壬子	癸丑	甲寅	292	293	294	
401			26	27	28	乙卯	丙辰	丁巳	295	296	297	
402	神		29	30	31	戊午	己未	庚申	298	299	300	
403			32	33	34	辛酉	壬戌	癸亥	301	302	303	
404		好太王、倭を撃破	35	36	37	甲子	乙丑	丙寅	304	305	306	
405		阿花王没	38	㊴	40	丁卯	戊辰	己巳	307	308	309	＊
406		応神崩御（空位）	41	00	00	庚午	辛未	壬申	310	311	312	
407		仁徳即位	①	02	03	(癸酉)	甲戌	乙亥	(313)	314	315	
408			04	05	06	丙子	丁丑	戊寅	316	317	318	
409			07	08	09	己卯	庚辰	辛巳	319	320	321	
410		高句麗、鉄盾献上	10	11	⑫	壬午	癸未	甲申	322	323	324	＊＊
411			13	14	15	乙酉	丙戌	丁亥	325	326	327	
412		好太王没	16	17	18	戊子	己丑	庚寅	328	329	330	
413		高句麗・倭の朝貢	19	20	21	辛卯	壬辰	癸巳	331	332	333	
414	仁		22	23	24	甲午	乙未	丙申	334	335	336	
415			25	26	27	丁酉	戊戌	己亥	337	338	339	
416			28	29	30	庚子	辛丑	壬寅	340	341	342	
417	徳	履中立太子	31	32	33	癸卯	甲辰	乙巳	343	344	345	
418			34	35	36	丙午	丁未	戊申	346	347	348	
419			37	38	39	己酉	庚戌	辛亥	349	350	351	
420		宋建国	40	41	42	壬子	癸丑	甲寅	352	353	354	
421		倭王讃遣使	43	44	45	乙卯	丙辰	丁巳	355	356	357	
422			46	47	48	戊午	己未	庚申	358	359	360	
423			49	50	51	辛酉	壬戌	癸亥	361	362	363	

＊　新斉都媛の来日（応神39年）

＊＊高句麗の鉄盾献上（仁徳12年）

図表A-6　復元された日本書紀年表

西暦	天皇	復元された日本書紀	治政年度 仁徳允恭			三倍暦干支			書紀年代			備考
424			52	53	54	甲子	乙丑	丙寅	364	365	366	
425		倭王讃朝貢	55	56	57	丁卯	戊辰	己巳	367	368	369	
426		呉・高句麗の使節	㊹	59	60	庚午	辛未	壬申	㊵	371	372	*
427			61	62	63	癸酉	甲戌	乙亥	373	374	375	
428	仁		64	65	66	丙子	丁丑	戊寅	376	377	378	
429		百舌鳥耳原陵	67	68	69	己卯	庚辰	辛巳	379	380	381	
430		倭王讃朝貢	70	71	72	壬午	癸未	甲申	382	383	384	
431			73	74	75	乙酉	丙戌	丁亥	385	386	387	
432	徳		76	77	78	戊子	己丑	庚寅	388	389	390	
433			79	80	81	辛卯	壬辰	癸巳	391	392	393	
434			82	83	84	甲午	乙未	丙申	394	395	396	
435		仁徳崩御	85	86	87	丁酉	戊戌	己亥	397	398	399	
436		履中即位	⑪	02	03	㊷	辛丑	壬寅	⑷⑽⑽	401	402	
437	履中		04	05	06	癸卯	甲辰	乙巳	403	404	405	
438		反正即位	⑪	02	03	㊷	丁未	戊申	⑷⑽⑹	407	408	**
439	反正		04	05	00	己酉	庚戌	辛亥	409	410	411	
440		允恭即位	⑪	02	03	㊷	癸丑	甲寅	⑷⑿	413	414	
441			04	05	06	乙卯	丙辰	丁巳	415	416	417	
442		雄略誕生	07	08	09	戊午	己未	庚申	418	419	420	
443		倭王済朝貢（1）	10	11	12	辛酉	壬戌	癸亥	421	422	423	
444			13	14	15	甲子	乙丑	丙寅	424	425	426	
445	允		16	17	18	丁卯	戊辰	己巳	427	428	429	
446			19	20	21	庚午	辛未	壬申	430	431	432	
447		木梨立太子	22	23	24	癸酉	甲戌	乙亥	433	434	435	
448			25	26	27	丙子	丁丑	戊寅	436	437	438	
449	恭		28	29	30	己卯	庚辰	辛巳	439	440	441	
450			31	32	33	壬午	癸未	甲申	442	443	444	
451		倭王済朝貢（2）	34	35	36	乙酉	丙戌	丁亥	445	446	447	
452			37	38	39	戊子	己丑	庚寅	448	449	450	
453		允恭崩御	40	41	42	辛卯	壬辰	癸巳	451	452	453	

*　仁徳58年に呉・高句麗の朝貢記事
**　438年に倭王珍の朝貢

図表A－7　復元された日本書紀年表

西暦	天皇	復元された書紀年表	国内資料 三倍暦				書紀干支	書紀年代	書紀記事
454		安康即位	甲午	乙未	丙申		甲午	安康 01	安康即位
455	安		丁酉	戊戌	己亥			02	
456	康	眉輪王事件	庚子	辛丑	壬寅			03	
457	―	市辺執政	癸卯	甲辰	乙巳		丁酉	雄略 01	雄略即位
458			丙午	丁未	戊申			02	
459			己酉	庚戌	辛亥		己亥	03	梓幡自殺
460		倭国遣使	壬子	癸丑	甲寅			04	
461		市辺殺害	乙卯	丙辰	丁巳			05	
462		倭王世子興	戊午	己未	庚申		壬寅	06	呉国貢献
463			辛酉	壬戌	癸亥			07	
464			甲子	乙丑	丙寅		甲辰	08	身狭遣使
465	雄		丁卯	戊辰	己巳			09	
466			庚午	辛未	壬申		丙午	10	身狭帰国
467			癸酉	甲戌	乙亥			11	
468			丙子	丁丑	戊寅		戊申	12	身狭遣使
469			己卯	庚辰	辛巳			13	
470			壬午	癸未	甲申		庚戌	14	身狭帰国
471			乙酉	丙戌	丁亥			15	
472	略		戊子	己丑	庚寅			16	
473			辛卯	壬辰	癸巳			17	
474			甲午	乙未	丙申			18	
475		梓幡自殺	丁酉	戊戌	己亥			19	
476			庚子	辛丑	壬寅			20	
477		倭王武遣使	癸卯	甲辰	乙巳			21	
478		倭王武遣使	丙午	丁未	戊申			22	
479		雄略崩御	己酉	庚戌	辛亥			23	雄略崩御
480	―	清寧即位	壬子	癸丑	甲寅		庚申	清寧 01	清寧即位
481	清		乙卯	丙辰	丁巳			02	
482	寧		戊午	己未	庚申			03	
483			辛酉	壬戌	癸亥			04	

図表A−8　復元された日本書紀年表

西暦	天皇	復元された書紀年表（一倍暦）	国内資料（三倍暦）				書紀干支	書紀年代	書紀記事
484		清寧天皇崩御	甲子	乙丑	丙寅			清寧05	
485		顕宗天皇即位	丁卯	戊辰	己巳		乙丑	顕宗01	顕宗即位
486	顕		庚午	辛未	壬申			02	
487	宗	顕宗天皇崩御	癸酉	甲戌	乙亥			03	
488		仁賢天皇即位	丙子	丁丑	戊寅		戊辰	仁賢01	仁賢即位
489			己卯	庚辰	辛巳			02	
490			壬午	癸未	甲申			03	
491			乙酉	丙戌	丁亥			04	
492	仁		戊子	己丑	庚寅			05	
493			辛卯	壬辰	癸巳			06	
494		武烈立太子	甲午	乙未	丙申			07	
495	賢		丁酉	戊戌	己亥			08	
496			庚子	辛丑	壬寅			09	
497			癸卯	甲辰	乙巳			10	
498		仁賢天皇崩御	丙午	丁未	戊申			11	
499		武烈天皇即位	己酉	庚戌	辛亥		己卯	武烈01	武烈即位
500			壬子	癸丑	甲寅			02	
501			乙卯	丙辰	丁巳			03	
502	武		戊午	己未	庚申			04	
503			辛酉	壬戌	癸亥			05	
504	烈		甲子	乙丑	丙寅			06	
505			丁卯	戊辰	己巳			07	
506		武烈天皇崩御	庚午	辛未	壬申			08	
507		継体天皇即位	癸酉	甲戌	乙亥		丁亥	継体01	継体即位
508			丙子	丁丑	戊寅			02	
509	継		己卯	庚辰	辛巳			03	
510			壬午	癸未	甲申			04	
511	体	山背筒城宮遷都	乙酉	丙戌	丁亥			05	
512		任那4県割譲	戊子	己丑	庚寅			06	
513			辛卯	壬辰	癸巳			07	

図表A−9　復元された日本書紀年表

西暦	天皇	復元された書紀年表（一倍暦）	国内資料（三倍暦）			書紀干支	書紀年代	書紀記事その他
514	継		甲午	乙未	丙申	甲午	継体08	
515	体		丁酉	戊戌	己亥	乙未	09	
516			庚子	辛丑	壬寅	丙申	10	
517			癸卯	甲辰	乙巳	丁酉	11	
518	12	弟国遷都	丙午	丁未	戊申	戊戌	12	
519			己酉	庚戌	辛亥	己亥	13	
520			壬子	癸丑	甲寅	庚子	14	
521			乙卯	丙辰	丁巳	辛丑	15	
522			戊午	己未	庚申	壬寅	16	
523	17	百済武寧王没	辛酉	壬戌	癸亥	癸卯	17	
524			甲子	乙丑	丙寅	甲辰	18	
525			丁卯	戊辰	己巳	乙巳	19	
526	20	磐余玉穂宮遷都	庚午	辛未	壬申	丙午	20	
527	21	磐井の乱	癸酉	甲戌	乙亥	丁未	21	
528			丙子	丁丑	戊寅	戊申	22	
529			己卯	庚辰	辛巳	己酉	23	
530			壬午	癸未	甲申	庚戌	24	
531	25		乙酉	丙戌	丁亥	（辛亥）	25	継体崩御（空位）（空位）
532			戊子	己丑	庚寅	壬子		
533		継体崩御	辛卯	壬辰	癸巳	癸丑		
534	安	安閑即位	甲午	乙未	丙申	甲寅	安閑01	安閑即位
535	閑		丁酉	戊戌	己亥	乙卯	02	
536		宣化即位	庚子	辛丑	壬寅	丙辰	宣化01	宣化即位
537	宣		癸卯	甲辰	乙巳	丁巳	02	
538	化		丙午	丁未	戊申	（戊午）	03	仏教伝来
539			己酉	庚戌	（辛亥）	己未	04	
540		欽明即位	壬子	癸丑	甲寅	庚申	欽明01	欽明即位
541	欽		乙卯	丙辰	丁巳	辛酉	02	
542	明		（戊午）	己未	庚申	壬戌	03	
543			辛酉	壬戌	癸亥	癸亥	04	

■著者紹介

福田　健（ふくだ・けん）

1952年　北海道生まれ。
1971年　秋田県立秋田高校卒業。
1978年　秋田大学医学部卒業。
1978年　秋田大学医学部第一外科入局。
1985年　医学博士。
1991年　秋田市にて開業。

日本古代史を趣味とする。本書は第一作。

二〇二二年九月三十日　第一版第一刷発行

日本書紀の年代の法則
にほんしょき　　　ねんだい　　ほうそく
　――三倍暦で解く古代史の謎
さんばいれき　と　　こだいし　なぞ

著　者　福田　健

発行者　菊地泰博

発行所　株式会社　現代書館
　　　　東京都千代田区飯田橋三-二-五
　　　　郵便番号　102-0072
　　　　電　話　03（3221）1321
　　　　ＦＡＸ　03（3262）5906
　　　　振　替　00120-3-83725

組版　具羅夢

印刷所　平河工業社（本文）

編集　鈴木誠

製本所　積信堂

印刷所　東光印刷所（カバー、帯、表紙、扉）

装幀　大森裕二

現代書館の日本史の本

「日本」誕生
東国から見る建国のかたち

熊倉浩靖 著

「日本」誕生の瞬間を絞り込むことに挑む。
「日本」という国家が成立したその時、列島に
いったい何が起きていたのか。時は7世紀から
8世紀、建国の様子をイメージするため、都を
中心に見るのではなく、東国と呼ばれる関東に
焦点を当てた画期的な古代国家成立論。
四六判上製／256ページ／2700円＋税

日出づる国の古代史
その三大難問を解く

高城修三 著

「日本古代史の三大難問」とされている、紀年
論・邪馬台国論・神武東征論に芥川賞作家が挑
む。歴代の宝算（天皇の年齢）を春秋年で解決
することによって、第十代崇神天皇の崩年を西
暦290年とし、これをもとに邪馬台国と卑弥呼、
神武東征について鮮やかに論証。
四六判上製／336ページ／3200円＋税

倭国の都は火国・熊本
史書と遺跡が証明する

小山顕治 著

史書と遺跡を検討し、イザナギ・イザナミの時
代から天智天皇が667年大津宮に遷都するまで
の期間、倭国の都は現在の熊本界隈にあったこ
とを論証。この間の代々の都の所在地も遺跡に
より推定し、卑弥呼は倭姫命であるとし、熊本
県宇土市の神殿跡についても詳述。
四六判上製／240ページ／2200円＋税

定価は2022年9月現在のものです。